小生意里的大思维

崔磊-为思考点赞
商业小纸条real
龙艳姬 等 著

中国友谊出版公司

图书在版编目（CIP）数据

小生意里的大思维 / 崔磊 - 为思考点赞等著 . -- 北京：中国友谊出版公司，2024.2

ISBN 978-7-5057-5676-2

Ⅰ．①小… Ⅱ．①崔… Ⅲ．①商业经营－通俗读物 Ⅳ．① F715-49

中国国家版本馆 CIP 数据核字（2023）第 226162 号

书名	**小生意里的大思维**
作者	崔磊 - 为思考点赞　等
出版	中国友谊出版公司
发行	中国友谊出版公司
经销	新华书店
印刷	北京世纪恒宇印刷有限公司
规格	700毫米×980毫米　16开
	17.5印张　233千字
版次	2024年2月第1版
印次	2024年2月第1次印刷
书号	ISBN 978-7-5057-5676-2
定价	65.00元
地址	北京市朝阳区西坝河南里17号楼
邮编	100028
电话	（010）64678009

如发现图书质量问题，可联系调换。质量投诉电话：010-82069336

"哪有赚钱的机会？"这两年，"修然"团队的成员随处都可以听到这样的询问，几乎每天都要为大家解答这样的问题。问出这个问题的，不仅有创业公司的老板、一二线城市的白领精英，还有大量的求职者、失业人员、下行行业（比如教培）的从业者，甚至还有很多小县城里退休了的大叔、阿姨。

似乎每个人都在关心"如何才能赚到钱"的问题，大家不再将生活单一地寄托于当下所从事的工作，更希望能够"多一条腿走路"，以增强自己应对未来的不确定性的能力。

笔者团队多年深耕于商业领域的科普、创业项目的探秘和研究，我们深知，大多数人问"哪里有赚钱的机会"时，无非是希望获得一些"行业内幕信息"，从而轻松实现致富梦想。很多人甚至幻想着"什么都不用做，财富就能自动增值，就能实现'睡'后收入"。这种过于急切致富的心态，以及盲目的致富手段，无不说明大家陷入了财富焦虑。

你可能感觉到，各行各业面临的挑战都在增长，就连这些年高速成长的互联网行业，也迎来了一波又一波的裁员大潮。对于如何获得财富，大家难免会有一些不切实际的想法。但光有勤劳，不一定能致富；只有内幕，也不一定能发财。

那么，普通人如何在当下这个充满变化的时代读懂商业逻辑，掌握财富之道呢？

经济增长势头趋缓并不意味着毫无机会。在某些行业，红利的确在消失；但相应的，在另外一些领域还有着大量的机遇。为了更好地为大家提供更多有效的热门行业一手资料和商业信息，笔者团队对当下较热门的"风口"行业进行分析之后，著成本书。

本书的几位主要执笔者，都是在商业领域深耕和研究多年的媒体人及创业导师：

崔磊 - 为思考点赞：知名主持人，资深媒体人。曾任浙江广播电视集团《浙江之声》品牌推广部主任。2014 年开办并主持国内首档广播版投融资真人秀节目《创业找崔磊》；获中国广播创意大赛全国一等奖。"修然控股"创始人，北京大学研究生会创业导师，浙江传媒学院创业导师，浙江科技新媒体联盟会长。自媒体博主，全网粉丝超过 2000 万。在本书中参与第一部分"认知即财富"的调研及创作部分内容，同时负责撰写关于"除醛""光伏发电""预制菜""抖音 SEO"的内容。

商业小纸条 real（宋佳雨）：全网粉丝超过 2200 万的商业领域博主，被粉丝们信赖地称为"条哥"，以低调、务实、靠谱而获得大家的推崇。他也是一位资深媒体人，曾任浙江广播电视集团记者、编导、制片人；浙江新闻奖一等奖荣誉多次获得者；头条号认证知名科技领域创作者；宁夏文旅星推官公益大使；钛媒体、虎嗅 App 年度创作者；浙江传媒学院创业导师。在本书创作中负责第一部分"认知即财富"的部分内容。同时主导调研并撰写关于"夜市摆摊""亚马逊无货源店""头发回收""宠物羊毛毡""3D打印"等内容。

龙艳妮："修然控股"联合创始人、CEO，中南财经政法大学EMBA，中南财经政法大学国际商务专业合作硕士研究生指导教师，曾任浙江大学管理学院EDP中心副主任。参与本书第一部分中"怎样寻找靠谱的合伙人"的内容创作。

"楠哥有才气"（戴崧楠）：资深媒体人，曾任浙江广播电视集团主持人、制片人；北京大学广播电视专业硕士研究生；浙江大学短视频专家评审，浙江传媒学院创业导师，浙江工业大学人文学院专业指导委员会委员；宁夏文旅星推官公益大使。自媒体博主，全网粉丝超过1300万。在本书中负责"生意人必须也是读书人""本地商家运营师""社区团购"内容的创作。

高盖伦（高佳林）：头条学堂签约讲师；浙江广电"中国蓝"特聘课程顾问；浙江传媒学院新媒体特聘讲师；浙江大学继续教育学院特聘讲师；自媒体博主，全网粉丝超过1300万。其短视频内容以商机发掘报道、经济社会话题解读、人文历史、职业教育培训为主。参与第二部分中"抖音SEO：流量生意的蓝海"的内容创作。

逍遥（杨晓航）："修然控股"合伙人，抖音账号"逍遥有门道"作者，全网粉丝超350万。曾担任"浙江广电中国蓝主播学院"特约讲师。负责本书中"艺术变现：如何成为一名线上插画师"一章内容的调研与撰写。

王义（王炜）：全国直播产学研联盟特聘专家、北京长城研修学院京东直播实训学院副院长、北清智库商学院新媒体营销顾问，孵化短视频账号，粉丝累计过亿人。在本书中负责"老年食堂""老年助浴"内容的调研和撰写。

羽森（董羽森）：资深企业管理咨询师，"修然控股"内容总监，抖音"羽森说""白日梦想家""森哥看项目"等 IP 矩阵号主理人，全网累计粉丝超过 110 万。创作本书中"助贷服务"的内容。

人生绝不是只有努力就足够的。笔者团队在经过大量调研之后，将低成本创业的心得、方法，在本书中诚挚地分享给你。

你肯定发现，虽然大家都感觉生意不容易做，但"风口"却到处都是。前两年热火朝天的元宇宙，还有眼下正红火的碳交易、新能源、人工智能等，类似的信息看多了，我们难免会产生"再不入场就错过机会了"的焦虑。但事实上，这些热门产业和普通的创业者、就业者关系也许并不大，而本书中不谈那些艰深晦涩的经济理论，也不涉及需要极大成本才能入局的重资产行业，只分析适合普通人"轻资产""低风险"的小生意和有价值的项目。

也许你觉得现在生意不好做，各行各业已经是红海，但我告诉你，还有很多行业正在兴起，还有大量的聪明人正在闷声发大财，他们找到了自己的蓝海。其实，创业没有你想象中那么难，社会上有某个需求，碰巧你有这方面的资源，这就是一个很好的创业机会。把握未来的趋势，选对适合自己的项目，任何人都可以搭上经济发展的快车。

那么，这些充满机会的项目和行业的前景如何？应该如何入局？如何低成本、低风险地创业？如何判断每个风头正劲的商业项目是否适合自己？如何理性地避坑？如何结合自己已有资源，挖掘商业领域的核心竞争力？本书作者团队将用他们独特、精准的眼光，为你解构商业的底层逻辑，让普通人提升商业思维，拥有好的商业眼光。

无论你是想要在商业上破局的创业者、生意人，还是遇到了事业瓶颈、期望有一份额外收入的职场人，我们都希望这本书可以给你带来帮助。无数成功的经验表明，只要你正视财富，不抱着不切实际的欲望，其实机会还很多。笔者希望大家能够用本书中的方法，找到适合自己的创富之道。

当然，需要提醒大家的是，笔者提供的只是赚钱的可行路径，但你赚的所有的钱，都来自你对这个世界的认知。而赚钱的第一步，其实是认清自己。千万不要盲目自信，也不要随波逐流，所有成功的掘金者，都应该是具有超强判断能力的。在这个层面上，每个人都需要修炼。

目　录

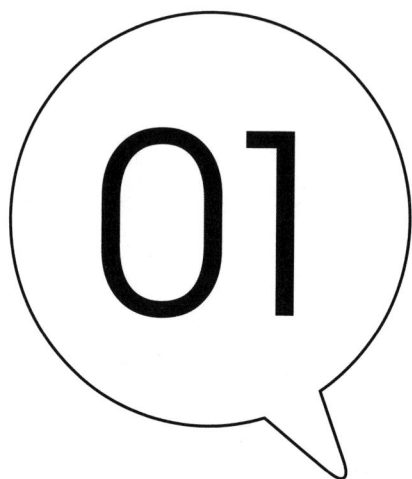

认知即财富

崔磊 - 为思考点赞、商业小纸条 real、楠哥有才气、龙艳妮 / 著

第 1 章　普通人的风口在哪里

崔磊 - 为思考点赞

是风口，还是黑洞？　_003

谁真正掌握着流量密码？　_004

要追赶品牌加盟的风口吗？　_005

时间可以是朋友，也可以是财富杀手　_008

带货依然大有可为　_010

降维打击的跨境电商　_011

抖音商业未来可期　_013

第 2 章　你真的了解下沉市场吗

商业小纸条 real

下沉市场有巨大机会　_016

下沉，不是下凡　_017

心怀敬畏，到一线去读懂下沉市场　_018

如何让下沉市场用户买单？　_020

如何打动"Z 世代"？　_022

第 3 章　认知决定结果

商业小纸条 real

上帝视角中的闭门造车　_025

为什么总有人把一手好牌打得稀烂？　_027

"给点阳光就灿烂"是对好苗头的积极反馈　_029

资源无差别，但思维有强弱　_031

人生能有几次试错的机会？　_032

对赛道的选择，考验的是眼光和远见　_035

如何在变量中寻找确定性？　_036

第 4 章　生意人必须也是读书人

楠哥有才气

让书成为支撑你成长的筋骨和血肉　_040

不要跳入"嗜书如命"的陷阱　_044

如何选择适合自己的书？　_045

你有为他人提供价值的能力吗？　_047

第 5 章　怎样寻找靠谱的合伙人

龙艳妮

为什么会从一拍即合到一拍两散？　_049

筛选合伙人的核心点　_051

在"压力时刻"评估对方的靠谱程度　_052

合伙人差距太大怎么办？　_054

02

创富实操：
那些能赚钱的小生意

楠哥有才气、崔磊 – 为思考点赞、高盖伦、商业小纸条 real/ 著

第6章　本地商家运营师的养成

楠哥有才气

什么是本地商家运营师？ _057

本地商家运营师的发展前景 _058

本地商家运营师的进阶之路 _060

新手先学会利用爆满开单 _062

向着爆满进阶玩法进军！ _066

针对不同商家制订不同的地推策略 _067

运用云矩阵制作、发布、上传视频 _069

绑定群峰系统，轻松赚佣金 _074

第7章　抖音 SEO：流量生意的蓝海

崔磊－为思考点赞、高盖伦

什么是抖音 SEO？ _076

抖音 SEO：让流量更精准 _078

前期准备工作 _080

抖音搜索的排名规则 _081

如何找关键词？ _084

如何通过关键词提升搜索排名？ _089

获得精准评论，转化私域流量快速变现 _096

第8章　社区团购：普通人的口碑裂变生意

楠哥有才气

社区团购的三种模式 _104

哪些人适合成为团长？ _ 105

新手团长入门指南 _ 106

如何做好帮卖团长？ _ 108

如何实现客户数裂变？ _ 110

第 9 章　"斜杠青年"的新风口：新手怎么做亚马逊无货源店

商业小纸条 real

什么是无货源店铺？ _ 113

做无货源店能赚多少钱？ _ 116

新手如何经营无货源店？ _ 117

新手必知：避免侵权才能走得长久 _ 134

新手还需要了解的四大问题 _ 138

第 10 章　夜市摆摊：合法合规地摆摊，也是挣钱之道

商业小纸条 real

摆地摊的"前世今生" _ 144

谁更适合摆摊？摊应该怎么摆才靠谱？ _ 146

摆摊前的准备工作 _ 147

如何把控货源质量？ _ 149

如何实现利润最大化？ _ 150

"练摊"的技巧和话术 _ 151

新手摊主问答环节 _ 153

沉浸式体验：假如你是一名玩具摊摊主 _ 154

第 11 章　宠物羊毛毡：居家可做，利润率可达 100 倍

商业小纸条 real

8000 多年历史工艺，市场缺口高达 18000 人 _159

新手两个月可接单，熟手月收入轻松过万元 _161

线上＋线下双轨并行 _163

自学或者拜师都可以达成目标 _164

入行切记趁早 _166

03

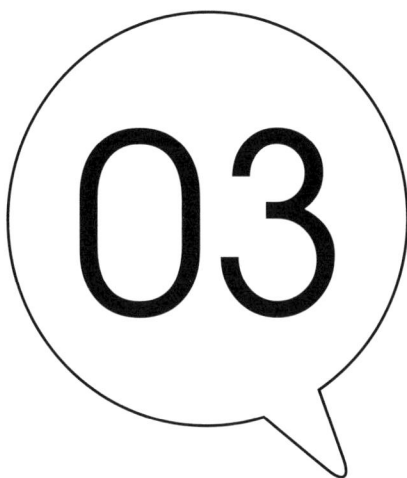

新兴领域，
如何快速入局

商业小纸条 real、崔磊－为思考点赞、王义、羽森、逍遥 / 著

第 12 章　3D 打印真人手办

商业小纸条 real

什么是 3D 打印真人手办？ _ 169

市场和利润空间如何？ _ 171

3D 打印真人手办的实地调查 _ 173

如何获得客源？ _ 178

第 13 章　除醛：净利润 70% 以上的好生意

崔磊－为思考点赞

甲醛：隐秘的健康杀手 _ 183

除醛行业问题：零门槛、监管弱、产品杂 _ 184

如何迅速入门：兼职或者培训 _ 187

入门第一步：学检测，看报告 _ 191

线上拓客：充分利用互联网平台 _ 193

线下拓客：寻找客户的服务商 _ 195

第 14 章　老年食堂：养老产业关键一环

王义

养老服务志愿者的切身感触 _ 200

老年食堂有哪些政策红利？ _ 201

谁都能开老年食堂吗？ _ 202

开一家老年食堂，盈利情况如何？ _ 203

如何克服开老年食堂的困难？ _ 205

老年食堂升级成为社区食堂 _ 206

第 15 章　老年助浴：老龄化进程下的风口

王义

助浴行业正在悄然兴起 _209

助浴师不仅仅是洗个澡那么简单 _210

助浴师们的一天 _212

通过服务实现客户自发裂变 _214

第 16 章　助贷服务，帮用户厘清贷款流程

羽森

0 投入，一单利润过万元 _216

为什么大家不直接找银行贷款？ _217

寻找机会：如何找到靠谱的助贷公司入局？ _219

准备入局：从身边做起，从低薪走向高薪 _222

工作流程：助贷员本质是服务员 _223

做助贷员的三种方式：你甚至可以兼职做助贷 _226

业务技巧：与客户建立信任关系 _228

第 17 章　头发回收：10 倍利润空间，人人都能做的小生意

商业小纸条 real

现状与背景：超过 2.5 亿人的刚需 _232

利润空间：最多可获超 10 倍利润 _233

零门槛入行：远比你想象的简单 _234

注意事项：做好这些细节，你可以更快入行 _236

第 18 章　艺术变现：如何成为一名线上插画师

逍遥

线上插画师及其市场情况 _239

如何入行成为一名线上插画师？ _241

绘画内容的学习 _243

线上插画师如何接单？ _244

第 19 章　预制菜是真风口，还是伪命题

崔磊 - 为思考点赞

大佬入局，各显神通 _248

收益堪忧，节节败退 _249

资本热捧，为什么消费者不买账呢？ _251

预制菜的新机会 _253

机会与乱象并存 _255

第 20 章　做光伏发电产业里的淘金客

崔磊 - 为思考点赞

光伏发电行业迎来爆发期 _256

安装光伏发电的个体居民 _258

光伏发电代理商 _259

稳赚不赔的中间人 _260

01

认知即财富

第 1 章
普通人的风口在哪里

崔磊 - 为思考点赞

是风口，还是黑洞？

互联网的发达，让我们尽管身处斗室，依然可以拥有比过去更加敏锐的眼光和宽广的视野。铺天盖地的新闻信息，很容易就让我们产生一种错觉：全世界的人和事都与自己有关。新闻里热火朝天的"元宇宙"、当下最火的 AI（人工智能）软件、碳交易、新能源……这些都给我们勾画出了一个与现实世界相互映射的虚拟世界，似乎所有的不如意都可以在元宇宙和 AI 里得到圆满。与之配套的 VR（虚拟现实）、AR（增强现实）、区块链等也成了热门词汇，让人们不由得产生了"再不进入元宇宙时代就迟了"的焦虑。尤其是当"虚拟炒房团"的兴起，更是让人们把元宇宙视为赚钱的风口，却不知自己可能面临血本无归的未来。

似乎每个人都陷入了财富焦虑，人与人见面，总是在探听消息——

"哪里有新的机会？我也可以入场新能源、AI、元宇宙吗？"

这些火热的概念，也许跟我们普通人真的没多大关系。哪怕是所谓的低碳排放师，它基本上只是大公司里面需要的一个岗位。普通人想在这些"热门大风口"分一杯羹，几乎是没有路径的。如果真的要去碰这些热门的概念，你最好是连续创业者，而且已经在某个领域有所成就。比如，你刚好做了个人工智能 App，并把它卖给了某家上市公司，从而获得了一笔相当不错的收益。

但一般情况下，这类风口行业都不是普通人能做的。

谁真正掌握着流量密码？

说到当下的风口，很多人还会提到一个词——"流量密码"。

这个时代有个很大的特点，就是任何一件事情都特别容易上热搜，只要稍微有一点不寻常的事件，就会有一两个博主把这件事情以短视频的形式传播、扩散。一旦视频成了热点，就会有无数同样需要流量的博主跟风。网红店不就是这样产生的吗？有一个头部达人去探店，立即会有无数腰部、底部达人也去探店，这家店就变成网红店了。

网红小吃其实也是一样的逻辑。比如，之前流行的酸奶麻花，其实就是糖油混合物，吃起来还挺油腻的，并不符合当下大家对于健康饮食的需求。如果没有自媒体一层套一层的炒作，酸奶麻花也不见得会成为一个风靡一时的网红小吃。

但我们可以透过热闹表象，看清网红店和网红产品产生的运行机制：这个事情火了，受益方不一定是开店的人。对于这些"花开一时"的网红项目而言，后入场的人并没有通过开店赚到钱，因为网红意味着新鲜，也意味着要捕获先机。当你的店铺开起来，启动资金投入进去的时候，这波网红浪潮就已经过去了。

网红店和网红产品的受益方，其实是那些获得流量的人，因为自媒体的博主们需要流量，才催生了一拨又一拨网红产品。

做网红品牌也是有风险的。例如一些网红奶茶品牌，他们会人为地去制造热点。比如雇 100 个人，从下午 4 点钟开始排队，一直排到晚上 10 点。在这个过程中，会有不明所以的人也加入进来排队，造成一种"一杯难求"的假象。这种炒作方式的背后，其实是品牌逻辑的改变。过去我们打造品牌得斥巨资，要投电视广告，线下也要做地推，铺很多广告，通过这些方式才能让大众对一个品牌产生强认知。而现在打造一个网红产品或者网红品牌，可能只需要 1000 篇小红书笔记、2000 条短视频。

但是，作为一个普通的创业者来说，这不是长远之路，网红虽然可以很快形成爆点，但很多都只是昙花一现，一般来说不会超过三个月，除非你本身是很擅长玩流量的人，是精通于流量生意的自媒体人。

要追赶品牌加盟的风口吗？

2022 年 11 月，某知名奶茶连锁品牌决定开放加盟，不到 50 万元的加盟费，再加上它的品牌效应，使得不少想在职场外寻找发展空间的人蠢蠢欲动。还有不少人想把加盟这家奶茶店当作回报率不错的投资。那么，通过品牌加盟真的能让自己获得财富自由吗？

品牌加盟早已不是新鲜的话题，但为什么真正做好的人不多？这要从两个不同的维度去看待这件事情：一是判断环境，二是判断自身。如果我们把一个东西用坐标轴画出来并分成四个象限，你觉得可以尝试的前提一定是你也有与之匹配的，同时环境也是利好向上的，才能称之为机会。按四个象限所占比例来说，可能只有 25% 才是你真正的机会；另外的 75% 对别人来说是机会，对你来说则不是。

很多人还没有搞清楚为什么要做品牌加盟和为什么品牌要放开加盟，就已经开始幻想加盟后大把金钱进账，这恰恰是最危险的事情。

就拿前面提到的这家奶茶品牌来说，为什么它做了十年自营，要在这个时候做品牌加盟？因为现在它可能面临危机，消费市场的疲软导致现金流不足，门店扩张势在必行，而加盟可以降低扩张成本，从而延伸其资金跑道。因此，并不是加盟商需要这个奶茶品牌，反而是这个品牌需要加盟商的费用，这才是品牌加盟的本质。

我们再看餐饮类加盟店。曾经有一个网红火锅店，是一位明星开的，90% 的人都是因为明星效应去加盟，这就是所谓的网红风口，结果基本上都是亏得倾家荡产。但这完全是"割韭菜"吗？不见得，那些原来就深谙如何做餐饮的人，在这里面是赚到了钱的。

其实明星只是一个明面上的招牌，背后还有具体操盘的餐饮公司。通过这样的加盟模式实现快速扩张，这就是所谓的"快招公司"，目的就是赚一笔加盟费。所以，这种品牌加盟显然风险很大。如果从风险规避的角度来说，新手完全不了解这个行业，看到某个网红品牌就想去做投资，往往就成了收入完全没有保障的"韭菜"。

我们以开实体店为例，绝大多数人不会去算这笔账，对基本流程也没有概念，仅仅是选址这一件事情，就涉及非常专业的内容，如物料管理、供货链系统、员工管理、消防设施等。这些还都是常规的东西。对于一家店来说，最难的事情可以说是引流。尤其是近几年，店家和消费者都养成了线上获客和下单的习惯。即使很多客户看似都在你的周边，但可能都被其他的店家引走了。如果你不去美团、抖音等平台进行曝光和引流，那么开店这件事对你来说就是个坑。

品牌加盟不是不可以做，但要把所有待解决的问题列出来，然后点对点地去判断加盟的品牌能够给你带来什么优势。

首先是成本对比。比如，对比品牌加盟和自己采购的成本，对比自己招人培训和总部培训的成本，等等。因为所有的东西都要付出相应的成本，如果用总部的供应链，这个成本和自己采购的成本对比之下，算出账来，到底能不能赚钱也就有了答案。其实，所有的成本项目都是可以在加盟之前大致估算出来的。

假设你开一家店投资了24万元，如果想一年回本，每个月就要盈利2万元，那么每个月实际硬性支出是多少？需要每个月做到多少毛利？对应的是多少个客人、多少客单价？这些客人从哪里来？哪些来自私域，哪些来自抖音，哪些来自美团，哪些来自自然进店的？你只需要把这些全都算出账来，哪里是薄弱环节，就去补哪里。只有在这样的情况下去做加盟，才能说不是盲目的。

其次是分析品牌附加值——看它给你的是否弥补了你当下的不足。

如果你要进入某个领域，而且你本身就已经很有竞争力，就没有必要去做加盟。知名品牌为了规避运营风险，会将选址、装修设计、产品研发、品牌宣传等纳入统一管理，加盟商基本是没有自主权的，能否实现盈利，在很大程度上受到品牌本身的制约。有些品牌本身在产品研发上陷入瓶颈，而加盟商又被管得死死的，发展空间就非常有限。如果品牌方给予加盟商充分的自主性，在贯彻严格管理机制的前提下，通过下沉市场去开拓店面，这是最理想的情况。

所以，加盟之前，充分做好品牌考察和分析十分有必要。除了看品牌自身的知名度、管理模式之外，还要看品牌是否有核心单品支撑可持续增长，这是一个企业的基本盘，也是个人所没有的资源优势。

时间可以是朋友，也可以是财富杀手

《舌尖上的中国》里有一集的题目很耐人寻味，叫"时间的味道"。许多乍看平平无奇的食材，经过时间的酝酿之后，竟然沉淀出美妙、奇异、悠长的滋味。

其实，无论是食物还是产品，凡是做得好的，都是时间的朋友。

比如，现在国家正在大力支持非物质文化遗产，其中一项评定的硬性标准就是要三代传承。我们看到的很多国家级的非遗项目都是百年传承，正是靠良好的口碑和高性价比，才能使项目十年、百年地做下去。最适合普通人做的事业，往往立足于老百姓自己的生活，卖鸡蛋煎饼，7 块钱一份，假设一天卖 150 份，当天的营业额就是 1050 元，毛利占五六成，那么一天也能赚 500 ~ 600 元。老百姓自己做生意，最有生命力的、能活下来的一定是这种。有老顾客的信赖，有新顾客的认可，五年、十年、二十年，长久地经营下去。

既然要做时间的朋友，有人就问了：如果是在理财市场，是不是该逆势加仓？确实，不管市场如何，普通人肯定还是有理财刚需的。到底是顺势而为还是及时止损呢？投资不赚钱可能是因为没有做时间的朋友，但做时间的朋友就可以了吗？

前几年，随便找个退休老大爷，兴许都能跟你唠两句白酒、新能源，因为行情好啊，谁不知道长期持有赢面更大这种简单朴素的道理呢？投资者之所以割肉离场，还不是因为这只股票或者基金表现太差，失去了投资者的信任吗？所以，**投资的底层逻辑就不仅仅是做时间的朋友那么简单了，而是要买到对的产品，时间才会成为你的朋友，否则时间就成了你的财富杀手。**

要买到对的产品，关键点就是如何找到对的人。我们简单分析一下财富管理业务模式的发展历程，以及对客户创造的价值，其实是分为三个阶段：初代是前店后厂模式；二代是金融超市模式；三代是买方投顾模式。我国目前正处于居民财富向权益市场转移的新阶段，财富管理转型推动买方投顾成了大势所趋。买方投顾其实是以账户管理的模式帮助投资者厘清投资目标、优化资产配置结构、配置优质资产，从而力争获得合理的均衡回报。客户降低单产品投资的震荡感，和更专业、更值得信任的人在一起，才更有可能成为时间的朋友，在动荡的市场中穿越周期，力争获得回报。

越专业的公司，给投资"小白"的解决方案其实越简单。因为谁看到那些密密麻麻的 K 线图 ① 和一长串的数字都觉得头疼，更别说还要去分析行情之类了。

举个例子，很多人都喜欢做定投，但你知道什么时候适合多投，什么时候适合少投或者不投？专业机构就会帮助你化难为易，总结出一个口诀叫"定投红绿灯"——估值红灯要少投，估值黄灯正常投，估值绿灯可多

---

① K 线图是一种用于显示价格走势的常用图表，在股票、期货、外汇交易中常被使用，是一种有效的分析工具，可以帮助投资者更好地判断市场趋势，分析未来的价格走向。

投。你再看拥挤的"红绿灯"，如果遇到红灯减量投，本来很复杂的投资是不是就没那么让人头大了？

选对人，用好工具，可以化难为易。即便只掌握了一两点，你的整个理财观也会有所改变。其实说白了，长期投资要相信复利、相信配置、相信专业、相信应对，才真正能去做时间的朋友。

带货依然大有可为

很多风口跟普通人的关系有限，那么，与普通人有关系的风口是什么呢？答案是带货，视频带货或者电商带货。

大家都知道，抖音平台现在越来越卷了，想将一个账号从 0 到 1 做成网红号或者大 V 号，已经难上加难。即便如此，普通人还是有很多机会的。因为抖音现在的货盘仍是不足的；再者，抖音直播带货的确很强劲，但它的消费场景非常单一。比如我现在想要一件羊毛衫，我不可能那么巧就刷到卖羊毛衫的直播间，而且正好有我要的款式。哪怕我进入一个专门卖羊毛衫的直播间，主播也要一个个地讲品、试穿、上链接，我没有那么多时间去等她讲完。所以，从本质上来说，电商需要目的性很强的搜索功能。反之，淘宝经过这么多年的发展，它的货盘已经非常充足了，甚至可以说是过剩了。

抖音跟淘宝的逻辑不同之处在于，抖音是用视频和直播讲解代替了用户去看商品的详情页。如果抖音要补足货盘，就需要无数的人去拍商品的讲解视频，而这件事是不可能通过官方实现的，一定是通过商家或者是更小的个体去实现。

再进一步讲，对于普通人来说，甚至不需要借助既有商家的平台，也能去做这件事。因为拍这类商品介绍视频的门槛没有那么高，只要围绕着商品拍就行了。比如你是一个宝妈，要做一个蒸汽眼罩带货，如果你的孩子愿意出镜，就让他戴上，再配一首煽情的音乐，视频的主题就是"孩子读书很辛苦，请家长一定要给他做好眼睛的养护"。这种视频都有一定的模板，非常容易拍出来，在家就能完成。

对于宝妈来说，利用自己碎片化时间，就能够解决这些问题。货源可以通过抖音的"精选联盟"，或者其他的团长供应链来实现，尤其现在的"安心选"模式将大牌供应链做了整合，拿了很低的佣金开放给普通人。如果达到了一定业绩，你在视频中所展示的样品都不用自己花钱，商家会免费寄给你，让你去拍摄视频。其实，这里的底层逻辑就是，**发了视频就有流量；有了流量就有概率可以卖出去，就能挣到佣金**。

降维打击的跨境电商

还有一种类型的带货，是通过 TikTok 完成的。TikTok 这类跨境电商看似门槛高，但实际上门槛比国内带货反而更低。你肯定觉得很难理解，要做国外带货就得会英语，这些听起来就会让人打退堂鼓。但是，如果这些问题都解决了，你的机会就非常多。尤其相比于已经趋于"白热化"的抖音直播赛道，国内的绝大多数人可能连 TikTok 是什么都不知道，更别提下载、注册了。目前来说，TikTok 电商还没有那么卷，还是值得入场的蓝海。

这一点可以通过欧美国家的消费习惯来解释。在我们的购物方式已经如此便利的当下，北美人或欧洲人，他们还是习惯在独立的官网购物。比如有个人要买一个包，他可能会去找到一个专门销售包包的网站，在这个网站付款购买。当他刷到国内的直播间，看到我们现在直播带货的模式，可以说是直接当场"惊呆了"，感叹竟然还有这么便捷的购物方式！我们这种带货方式，对欧美消费者的冲击完全是降维的。

再举个例子，现在有合资公司专门做跨国水晶生意。我们很难想象，北美国家的许多人将水晶当成一种能量棒。他们认为水晶是一种"灵气之物"，买回去是为了用一周的时间吸收其能量，吸收完了再来买。我们可以思考一下，在这种消费习惯之下，对于卖水晶的人有什么好处呢？最显而易见的是，消费者买了一定不会退款。

我们知道，像我们国内的服装直播带货，退货率保守估计在50% ~ 70%。因为大部分直播带货平台对于商品的销售都是很苛刻的，对于消费者是一边倒地保护，支持各种无条件退款。同时，对商家的考核又非常严格，所有涉及品质问题的退款会直接影响商家的店铺评分，进而影响到流量和曝光度，所以，很少有商家会在退货这件事上设卡。如果我作为一个小老板，要投一个国内的直播间，可能会因为退款率而陷入瓶颈。

相比而言，像在 TikTok 卖水晶这类生意，北美的退款率不到 1%，这里的底层逻辑很好理解，就如同我们买尊财神爷像回去，你会退吗？不会，因为这会给人一种不吉利的感觉。外国人买水晶的想法也是如此。由此可见，它是一个看起来门槛高，但实际上竞争要比国内弱得多的市场。

利用 TikTok 进行带货变现，这也将是 2023 年一个很大的风口。你要准备的就是一部手机，招一个英语流利一点的助手，用成熟的带货脚本，按照这个方式去卖。TikTok 跨境电商的市场有多大可想而知，国外的商家根本没法与我们竞争，很多赛道我们已经跑了很远，国外才刚刚开始，不仅是欧洲市场，还有东南亚市场，只是玩法各有不同。

抖音商业未来可期

"张同学"的视频没有炫酷的特效、流行的背景音乐，却在不到两个月的时间里，涨粉 700 多万，以至于全网都在分析和模仿张同学。这件事至少暴露了抖音当下的两个问题：

第一，抖音的用户增长已经遇到天花板了，所以它要强推下沉的内容来吸引新用户。"张同学"的爆火，平台本身就是背后最重要的推手。如果你想通过学习他的技巧来成为第二个现象级 IP，只能是白费力气。

第二，抖音现在的内容同质化或者说创意枯竭已经到了很严重的程度，模仿一直是主流，真正做原创的人很少，所以刷一会儿就会产生视觉疲劳。所以，未来抖音一定会大力扶持两类内容，第一类是真正创新的内容，如"柳叶熙"这样的账号；第二类是帮助博主破圈的内容，也就是现在不玩抖音的另外 7 亿用户爱看的内容，"张同学"就属于这一类。

你可能会说"作为一个普通人，这两类内容对我来说都有难度"，那么，除了上面提到的用户增长，抖音还有另外一个重要的战略目标，就是做交易量。

如何才能在抖音上提高交易量呢？答案有三个：知识付费、本地生活和抖音电商。抓住这三个板块中的任何一个，不能说跨越圈层，至少家庭收入翻几番应该是问题不大的。

知识付费

现在很多短视频平台的知识付费领域依然处于野蛮生长阶段，有很多缺乏学识的人，做了一堆粗制滥造的课，进行快速变现。比如，我前段时间看到一个短视频教学的课程内容居然是教别人如何"洗稿",如何"炒选题",真是一个敢教,一个敢学。

为什么会有如此乱象呢?因为短视频平台也要冲业绩,但我们认为这只是暂时的。未来抖音知识付费的授课方一定是各领域的专业人士,只有真正有诚意的内容,才会吸引大众为其买单。而且,其中很大一部分内容会偏向可落地实操的。比如,一个做了十年便利店的店长,就可以出一门教别人怎么经营便利店的课;一位拥有数万精准用户的"购物团长",就可以出一门教你如何当团长的课;一个拥有十余年写作经验的作家,就可以教你如何打磨产品文案。当然,这套内容筛选系统想要打造完善,还需要时间,所以,各领域的专业者还有很大的机会。你要做的,是怎样在精耕自己擅长技能的同时,把自己打造成有一定流量的小 IP。

本地生活——本地商家运营师

本地商家运营师的工作,简单来说,就是帮助抖音平台上广大的商家,运用各种平台和工具发展自己的店面,吸引顾客到店消费,抢占更大的市场。因为实体店的老板忙于经营店铺,对于线上如何引流分身乏术,这就刚好带给了我们机会——联系本地达人探店,视频只推荐给本地的用户,以达到给商家带来精准宣传的目的。

这种模式无疑是给本地商家和普通人以双重红利。探店达人提供内容,打破了原来生活服务平台的垄断,回归到用内容撬动流量和品牌认知的良性商业模式,未来还有很大的发展空间,只不过现在还在起步阶段。初期有刷单的、有蹭吃蹭喝的,这都在可以接受的范围内,未来很可能发展成商家和优质本地达人的联盟形式。

关于如何成为本地商家运营师,在本书的第二部分有详细的实操方法,在此不赘述。

抖音电商

想要变现，最重要的自然是电商。在抖音平台上，在个人主页开通商品橱窗，是展示商品的重要方式。什么叫商品橱窗呢？抖音为了留住优质内容创作者，鼓励创作者通过在视频中上架购物车挣钱。如果你在抖音上拥有一千以上的粉丝，就可以开通商品橱窗。开通后，可以再挂上很多商家想要对产品进行宣传推广的产品链接，在抖音后台，每个链接下也会标明通过你的视频或者直播卖出货品后，你可以分得的佣金比例。

区别于商品橱窗的是抖音小店。如果你自己有货但没有店铺，可以开通抖音小店，在直播或者拍视频时，就可以直接从小店里选择添加商品链接，挂上商品的购物车，以供消费者下单。

但是我们要搞清楚，橱窗和小店是两回事。

普通人不要乱开橱窗，因为橱窗只有做账号和拍视频才有流量，如果你没有团队、没有供应链，是很难做起来的。橱窗的本质就是一个柜台，而你就是柜台的售货员。但是小店就不同了，小店相当于 20 年前的淘宝，它比团购门槛更低，更适合普通人去做。开抖音小店，甚至可以做"无货源"的模式，也就是将别人的货源变成自己的，以代发的形式进行推广。那么谁来买呢？一部分流量来自用户搜索关键词和"猜你喜欢"的搜索功能，另一部分流量来自达人的合作，也就是用别人的橱窗带你的货。所以，如果你有抖音小店，你的身份不仅是博主，也是老板。

第 2 章
你真的了解下沉市场吗

商业小纸条 real

下沉市场有巨大机会

　　星巴克正在践行一场在中国市场史无前例的下沉拓店计划。在 2022 年 9 月的星巴克全球投资者交流会上，它发布了 2025 年中国战略愿景：在未来的 3 年内，中国将新增 3000 家门店。也就是说，大概平均每 9 小时就新开一家。而星巴克这次超大规模的"成长计划"，目标锁定在了 300 个城市市场，近 4 万个乡镇，近 10 亿人口。

　　当我们在北上广等一线城市，对星巴克习以为常时，却不知在全国范围内，有 90% 以上的人从来没有喝过星巴克，市场体量和潜力无疑是巨大的。

　　北上广深这四个一线城市的总面积，仅占全国面积的 0.33%，哪怕再加上杭州、南京、青岛等 15 个"新一线"城市的面积，占全国的面积也不到 3%。除此之外，在中国还有着约 300 个地级市，1000 多个县城，40000 多个乡镇和约 66 万个村庄。这就意味着，超过全国面积 97% 的土地上发生的故事，长期是近乎隐秘的存在，如同巨大冰山没有露出水面的更大山体。

超出我们认知的是，全国将近 13 亿人没有出过国，10 亿人从未坐过飞机，5 亿人的生活里没有抽水马桶。拼多多创始人黄峥在接受记者采访时所提出的"五环内人群"概念，并不是一个精准的地域划分，却揭开了长期以来被人们忽略的广阔天地——住在五环内的人，很难想象出身处五环外人群的生活，他们吃什么、用什么，根本不在自己的认知范围内。我们的生活都被桎梏于像蚕茧一般的"信息茧房"中，习惯性地被自己的兴趣和认知所引导。所以，不少人即便看到了拼多多、快手、快团团的现象级崛起，也仍然下意识地给它们贴上了廉价、山寨的标签。

下沉，不是下凡

新消费时代的商业逻辑开始从 B2C（企业对消费者）转向 C2B（消费者对企业），也就是大众化流通变成了圈层化的需求驱动，商家的工作核心转为 C 端（消费者）创需求，要和消费者共情；B 端（企业）比拼的则是效率和诚信，是否有能力用最快的速度、最高的质量到店、到家、到货。"下沉市场"这个概念来源于互联网，意思是更广和更深入地触达受众。但现在大家对这个词的理解，逐渐偏向于地域概念，指代三线以下城市、县镇与农村地区的市场。"下沉市场"是认知、交易、关系三位一体的市场，认知层面的转变和深入，就是不应该用"五环内视障"的眼光去俯瞰这个市场，否则优越感和傲慢心理将成为开拓下沉市场最大的制约。

首先，下沉市场的第一步就是心态的沉淀，要把如何满足人们的需求放在首位，这就要求 B 端先搞清楚下沉市场中的消费者，以及他们所具有的不同特点。首先是收入水平，从绝对水平上来说，三四线城市及以下的城镇确实没有一二线城市高，但由于当地的住房成本和教育成本比较低，生活成本也相对较低，居民的可支配收入相对充裕。与之相反的是一线城市居民的消费信心反而是最弱的。

其次，三四线城市及以下的城镇更接近于传统意义上的熟人社会，本地关系网十分紧密，因此偏好拼单等形式。拼多多之所以被称为"下沉版的淘宝"，正是充分利用了人们的社会关系来触发产品的快速传播。

再次，据统计，下沉市场的月平均快消品消费金额的均值为 1231 元，消费者线下购物渠道主要是大型超市，线上渠道则是淘宝、京东等综合电商平台，还有社交软件、直播平台等。

最后，对低价、实惠的追求也是下沉市场的价值需求核心，这个市场体系中的消费者对价格更为敏感，但同时他们对品质生活的追求和向往也在随着消费升级被不断释放出来。所以，星巴克、乐高等国外品牌敏锐地抓住了增量增长的大好机会，这就是下沉乡县级市场的原因。

心怀敬畏，到一线去读懂下沉市场

对商家而言，"抢占下沉市场"绝不只是一个口号，更不能用主观想象去框定消费者的需求。在下沉市场的广阔空间里，商家面对的不仅是不同的人口结构、消费理念，还有自身急需调整的"理应如此"的思维习惯。

如果真的想要去做下沉市场，就要下功夫对地域进行分块调研，对所有的终端网点进行全面调查，这就需要商家跑到市集、商场，一天、两天、三天地蹲点，做记录、点人头，亲眼看看商铺在卖什么，消费者又买了些什么，看看消费者最在意的是什么。调研的内容包含门店的基本信息、位置、主要售卖品、陈列方式、投入费用、进货渠道等。另外，还要了解下沉市场的人情关系、当地的风土人情、口味习惯、人情往来等。

就拿星巴克来说，这个品牌清楚地知道行业认知与消费者认知的错位会带来多大的麻烦，所以它将市场调研做得很细，比如在云南文山开店，消费高峰是在下午和晚上，但一二线城市的第一个消费高峰往往出现在早餐时段。据星巴克从事下沉市场营销推广的负责人说，他们每进入一个市场，就会扎根当地，以十年、十五年的发展眼光来考量门店选址、商业配套设施等，结合本地消费者的习惯和消费水平，开展因地制宜的营销策略。

其实说白了，就是要站在消费者的角度去思考问题。这句话说起来很容易，但商家总是喜欢自己去臆测——我明明是用最高标准做出的行业最佳商品，可为什么消费者就是不买呢？

就像有位在一线城市开了多年婚纱摄影店的朋友，他回家探亲时发现老家小县城摄影店的风格还停留在十年前，拍出来的照片是"城乡接合部"风格，比起大城市差远了。于是他跑到小县城打算开一家"高端摄影店"，满心觉得自己可以降维打击，认为小县城的年轻人一定会被他耳目一新、极简大气的背景布置和拍摄风格吸引。

结果呢？不到半年就倒闭了。

因为他家所在的小县城并不需要这样走在时代审美前沿的高端摄影店；因为高端摄影的成本高导致客单价太高，当地人消费不起；更因为小县城是熟人社会，很多人本就是他所看不上的小摄影店的熟客。

下沉市场的逻辑，和你以往所理解的可能全然不同。如果你也在为自己搞不定下沉市场而迷茫，可以先问问自己几个问题。

第一个问题，你找到了对方的需求吗？有从事出版业的朋友说，现在他们出版的书也经常想着要去抓下沉市场，花了大力气，做了很多内容很好，装帧设计也很高端的书，可就是卖不动，为什么呢？消费者不看。可是，你说他们不看书吗？恰恰相反，三、四线城市的人们对知识有着很强烈的渴望，他们其实迫切地想学东西。

这就是一个重要的切入点，也是**第二个问题，问题出在哪里呢？**你得知道他们的语言体系，他们要听什么。这就需要你去当地的书店，在那里你会发现，你想象的跟你实际看到的很可能完全不一样。慢慢地，你就会对这些事情生起敬畏心。

开摄影店也好，出版图书也好，卖课程也好，还是销售其他商品也好，内在逻辑都是一致的。因此，从现有行业与消费者的认知错位出发，要做的不仅是为消费者提供品类内的选择或组合，更要主动去聆听目标消费者的声音，尊重他们的需求，开发真正与之匹配的商品。

如何让下沉市场用户买单？

大家有没有在农村看到过"生活要想好，赶紧上淘宝"这样的广告墙？是不是很土？但这种广告墙还真不少见。在城市人口红利越来越稀薄的今天，去农村刷墙打广告已经成为互联网巨头们不约而同的选择。

可要想真正攻克下沉市场，除了宣传到位，还真得有点东西。比如，2022 年双 11 期间，淘特王者归来，在 11 月 2 日重回苹果 App Store 应用榜单榜首。同时，新卖数据显示：淘特 App 在安卓端，如华为、VIVO、魅族等应用榜单上也位列第一。你说淘特到底是用了什么撒手锏，效果怎么会这么好呢？淘特的广告语可以说是精准拿捏了用户心理。

我们知道，下沉市场的用户有两大特点：一是价格敏感；二是容易较真儿。对于平台来说，要想征服消费者总是口说无凭。双 11 期间，淘特推出"比价王者"活动，喊出"价格不怕比，省到你心里"的口号，还将全部玩法总结成了"三句半"。第一句："全网比价，认准淘特，比价王者就够了。"比价王者就够了吗？第二句："10 月 22 日、11 月 11 日，比价王者低至 5 折。"5 折就够了吗？还有第三句"搜索比价王者还赢百万份免单"，最后的"半句"是"其他没了"。

最简单的"三句半"就写出了一条能成功攻占用户心理的广告语，这广告简直能洗脑。

然而，话说回来，好广告、好口号只是锦上添花，产品有优势才是王道。双 11 期间，在比较王者页面搜索任意商品都有机会获得免单，每晚 8 点概率翻倍，这种直接为消费者省钱、利好消费者的活动，配上无脑朴素的玩法、简单极致的表达，大大降低了活动的参与门槛，这才换来了用户的疯狂下载。只能说，淘特这次是真的号准了下沉市场的脉，也难怪它能在各大应用排行榜问鼎王者。

淘特的成功，源于它洞悉了下沉市场的潜在需求，"重新定义"了下沉市场。在一般商家的认知里，下沉市场的消费者缺乏个性化需求，只追求低价；但淘特却通过建立 M2C（生产厂家对消费者）模式，让货好又低价成为可能，这种直供模式可以将县域需求及时反馈至工厂端，就此拉动了下沉市场的个性化消费。就在拼多多发生"无货源大地震"时，淘特不仅没有封杀无货源商家的迹象，还在价格上给了商家更多的支持，因为无货源是很多中小体量商家尤其是新手店铺的谋生之路。但如果你认为淘特的策略是对标拼多多可就错了，它真正的目标就是打开三线以下城市的消费群体。

由此足以见得，"需求为王"并不是一句空话。

如何打动"Z世代"？

点开抖音搜"围炉煮茶"的相关话题，你就会发现竟然有11亿次的播放量，小红书上也有近1200万的浏览次数。曾经的网红单品热红酒，已经被小炭炉、铁网烤盘、烤柿子、烤美式棉花糖所取代。没想到，大城市的年轻人正通过互联网向世人传递"做个闲人""人间值得"的处世之道。

大家不禁感慨，越来越看不懂"Z世代"在玩什么了。

Z世代即"Generation Z"，一般指"1995年至2009年间出生的人"，被认为是"网生一代""屏生一代"，是真正的数字时代原住民。据统计，我国Z世代人口规模约2.64亿，占总人口比重约19%，却贡献了约40%的消费规模。据预测，未来10年，73%的Z世代人口将成为职场新人，我国Z世代到2035年整体消费规模将增长4倍，消费规模达16万亿元，他们是中国未来长期消费潜力释放的关键。

Z世代现在也是消费者，而且是未来消费力很强的一代人。但对于他们的认知，更重要的是理解，而不是简单地将其划分为新客还是老客，是潜在客户还是优质客户，因为那些只是事实数据而已。一般来说，把消费者的需求分成三个层次：

第一个层次是功能型或者理性型需求，也就是我们父辈那一代，买个家具就要买红木家具，他们更看重的是产品的性价比。

第二个层次是感性需求，因为在经济起飞阶段，我们手里有了更多可支配的资金，购买产品时，还要考虑到是否足够高端、足够高颜值。

但是到了 Z 世代，前面两个需求层次还不够，还需要价值观层面的需求，那就是身份认同，这就是第三个层次的需求。这个时候，经济增速有所放缓，以 Z 世代为代表的消费群体相比过往，开始回归真正的内心需求，也有人将之称为"心价比"。

当这个群体越来越注重身份认同，他们在意的是某个产品或者品牌能带来的真正价值是什么，但其中有一个矛盾点：他们其实还没有形成稳定的需求和认知。所以，产品成了他们内心世界的物化，玩表、玩鞋、玩各种各样的消费品，其实就是将其作为"我"的代言，告诉外界"你们看，这就是我"。

Z 世代成长于中国经济高速发展的时代，有着天然的自信和对本土传统文化的强烈好奇心，这体现在对国潮、国风、国货的价值回归。在 Z 世代高度聚集的 B 站平台，UP 主创作的国风类视频数量超 200 万条；携程平台显示，95 后消费者博物馆订单占比达 25%，搜索占比达 30%。此外，Z 世代个性鲜明，追求多元价值和自我身份的表达，所以不再满足于做粉丝，他们既是内容消费者，也是内容生产者。

小众群也是 Z 世代特别热衷的。围炉煮茶本质上就是为社交认同画圈的表现之一，通过这一方式寻求认同感和归属感，他们将之视为带有明显社交属性的实景体验。Z 世代在追求潮流生活的同时，也是朋克养生党，"保温杯里泡枸杞""低糖零食和糕点"是这个年轻群体潮流初现时的养生态度。

面对目前人口规模庞大的一代人，新一代的"GEN-Z消费品牌"该如何俘获Z世代的心呢？我们知道，Z世代习惯于层出不穷的新鲜事物，要让他们持续对某个品牌买单并不容易，甚至很容易翻车。即使有热搜、有代言、有各种各样的八卦，也符合了某个群体的价值认同，但如果代言人今天说错了一句话，明天他们就弃而不用了。品牌与消费者之间心智的建立往往是困难的，但我们看几十年如一日的Nike、LV，还有在新消费浪潮中发展起来的元气森林，都在消费者心智的构建上取得了复利性效果。

这就是说，怎么赚Z世代的钱和怎么做Z世代品牌，这两件事是不能割裂开的。

第 3 章
认知决定结果

商业小纸条 real

上帝视角中的闭门造车

不知道你有没有发现，在我们身边有这样的人，他们干什么似乎都能成功，但有些人却把一手好牌打得稀烂。有人说：这里面存在着穷人和富人的思维差距，但一旦把话题扯到思维上，就有点过于宽泛。其实，你接触到足够多的人以后，就会发现，自我认知才是一个人立足社会的基石。

相比于"穷人思维"和"富人思维"的说法，更好的称呼或许是"强者思维"和"弱者思维"。

一个很有意思的现象就是，在别人眼里，那些做事总是做不成的人，其实身上有着显而易见的致命弱点，然而他们自己往往完全认知不到。这样的例子有很多。

比如在修然团队所策划的一档真人秀节目中有三个角色，我们试着来给他们画个像：

角色 A：

东北大哥，热络、大方，爱表达，有成熟的销售经验。

角色 B：

女研究生，初入职场，屡遭碰壁，有过创业失败的经历。

角色 C：

00 后小伙儿，有点儿"愣头青"，读书不太好，也没有什么社会阅历。

他们三位同时参加一个"七天商业变现挑战"的节目，如果成功就可以赚到一万块钱，观众们则通过上帝视角去看三人在这七天中的表现。

这个节目也算是一个"创业实验"。我们发现，一个人的事业能否取得成就，也许和许多能力有关，但其中至关重要的就是人的认知。不管你的启动资金是多少，学历有多高，最终决定你能走多远的，就是认知。

这一点在东北大哥身上体现得非常明显。他曾经是一个销售员，通过他的言谈举止可以看出，他热衷于耍嘴皮子，有点吊儿郎当。这样的人一般是很难积累财富的，因为他静不下心学习专业知识，又自视甚高。在节目的一开始，他表现得很狂妄，觉得自己一天就能赚到一万块钱，所以他压根儿没有好好学习产品知识，对如何销售这个产品的基本逻辑也不屑去了解。

头三天，他就一个人在闭门造车，觉得自己可以一鸣惊人。节目组尝试与他做一些沟通，希望他能够早一点行动，可东北大哥依然固执己见，甚至对工作人员表示不满，觉得他们在干涉他的工作。

到了第四天，他终于开始去跑市场，可是对于客户提出的很多关于产品的问题，他根本答不上来。他的话术在客户看来就是在吹牛，一涉及专业问题就支支吾吾说不清楚。

直到第五天，他一单都没有做成。这时候，他有些慌乱了，开始向工作组示弱和求助，并为自己的过于自信道歉。

实际上，他的逻辑一直是前后矛盾：一方面，他要把产品准备得很好，结果他连产品的优势、成本等具体情况都不知道；另一方面，他拍了很多短视频发布在自己的抖音账号上，认为这样就可以增加信任度，更容易成交。可是，他账号的粉丝量只有 100 多个，这对于宣传和背书没有任何意义。而且，他完全没有意识到短视频的制作也是需要时间成本的，他甚至还寄希望于场外求助机会，找人帮他来剪辑视频。

经过与工作组的一番沟通，他意识到自己构想的一套根本行不通。第六天，他才开始用工作组提供的方法踏踏实实去跑单。不仅仅是工作组，就连视频外的观众也不能理解，明明之前已经有上万人做项目后总结出来最佳的方法、最短的路径供他参考，但他就是不愿意用。因为他只愿意做自己认知范围内的事情，一旦需要他突破自身认知，他就会打心底里反感和恐惧，所以才习惯于"走老路"。

这就是一个典型的自我认知不清晰的案例，很多时候并不是没有成功的路径和方法，但那些万人尝试总结出来的经验，放在面前却偏偏不用，他凭什么觉得自己脑补出来的东西，就能够胜过上万人的经验呢？

但这样的认知，其实还是挺普遍的。

为什么总有人把一手好牌打得稀烂？

对于穷人来说，具备富人思维只是迈向成功的品质之一，可能不一定就让他们顺利积累到多么巨大的财富，但如果能够避免将一手好牌打得稀烂，就已经成功一半了。

我们说说刚才提到的那个真人秀里的角色 B，她是一个研究生毕业、职场失意的人，她在三人里最终的成绩是垫底的。

其实，在七天里有两天的成绩还可以，一天赚了 700 多元，一天赚了 1000 多元，但最后的收益却没有达到预期。她选择的项目是推广个人养老金的开户，在我们所筛选的项目里，这个项目相对来说其实并不难，因为不需要用户付出很高的成本，只是走一个固定的流程，就可以拿到 70 ~ 150 元的佣金。

工作组把很多经反复验证有效的方法教授给她，在这一点上她跟东北大哥是一样的，也是非常自我，拒绝听取别人的建议。工作组的建议是让她去批发市场进一批 20 元一只的大鹅玩具，以玩具为赠品，到公园、商场这类老人、小孩多的地方去做推广，一晚上就可以赚三四千。这个逻辑很简单，因为大鹅玩具很好玩，小孩子被吸引过来后，大人就会一起过来——潜在用户不就来了嘛！尤其当时快过年了，工作组还建议她穿财神爷的服装去推广，因为在中国人的习俗中，大家不会直接拒绝财神爷赠送礼物，认为那样不吉利。这是有文化心理的因素在里面，这样去推广，被拒绝的概率会低很多。

一切方法都明明白白地摆在眼前了，似乎只需要去执行就能取得好的结果。

谁知，这个研究生就真的把一副好牌给打烂了。她的确穿着财神爷的衣服去推广了，但她把大部分的时间都花在了装扮上，一顶帽子她能戴半小时，衣服要自己调整到最佳造型，穿好后还要花上两小时自拍发朋友圈。

去小商品市场采购礼品时，她也听不进工作组的建议。她不愿意购买大鹅玩具和对联，非要自己花大半天时间，完全按照自己的喜好去挑礼品，结果成绩可想而知。

谁知，她面对受挫的窘境，直接甩了一句话给工作组："我就是来体验生活的。"这让在场的人都很沮丧，也很愤怒。

后来编导了解到，这个女孩子之前创业失败过两次，有一次交了加盟费，店都还没开起来，已经亏了 20 万元。对这笔钱，她一点都不心疼，因为是父母给的。她也认为那是人生经历而已，没有什么大不了的。所以，她从来没有真正体会到创业的苦，而是让父母替她去承担了。当然，在这一次次失败中，她是有挫败感的，但她拒绝接受，更是拒绝反思。在真人秀的七天时间里，她起码说了七八次"我的项目不好"。但是，当项目组问她：你觉得你能找到比这个更好的项目吗？她就直接被噎住了。

实际上，哪有那么多轻轻松松就能一天赚 1 万元的事情？不管我们说这个女孩是公主病也好，太过于自我也罢，本质上是一种"外部归因"的认知谬误，即习惯于从外部因素中找到自洽的理由，将一切失误都归结于外部原因，从而试图把自己包装成强者，这也是穷人思维的一种典型表现。

相应的，富人思维的关注点始终是去想办法怎么解决问题，怎么做得更好。他们不会把过多的精力花在如何自洽、如何掩耳盗铃式地安顿内心，让自己尽量保持在舒适区里。

"给点阳光就灿烂"是对好苗头的积极反馈

这场真人秀里，成绩最好的反而是一开始表现得有点吊儿郎当的"愣头青"（角色 C），这个 00 后小伙儿选择的项目是摆摊做生意，卖柠檬鸡爪。

刚开始，他也很自信自己能做好，压根儿不需要跟着网络教程去学，因为他的父亲会做，他提出要让父亲来指导一下。工作组同意了，于是，他父亲就来教他怎么切鸡爪，结果第一天，他就把自己的手给切了，流了很多血。一分钱没有挣到，反而花了20元钱去医院治疗刀伤。

经过一番折腾，鸡爪总算是做出来了，但他整个人显得有些心神不定，一会儿去跟其他的选手聊天，给大哥端茶递水；一会儿又去跟另外一个人聊项目，觉得人家的项目都比自己的好。工作组一开始并不看好他，觉得他动手能力弱，在父亲的庇护下，他并不懂得生活的艰辛。父亲非常严肃地教他做鸡爪，但他依然显得心不在焉。

然而，就是这样一个年轻人，后来的转变却非常大，很出乎工作组的意料。

到了第三天，他开始出摊卖鸡爪了。这个时候，我们看出了他身上非常值得佩服的闪光点——只要有一点点正面反馈，他就能坚持下去。只要卖出一盒，他就会非常激动。看得出，他的精气神完全被激发出来了，他是那种特别容易被激励的人，获得一点成就，他就会像打了鸡血一样。

有一个细节很能印证这一点：最后还剩下一盒鸡爪，他一定要把它卖出去，为此守在摊位前坚持了一个多小时。其实，算一下总账，他在柠檬鸡爪这个项目上并没有赚多少钱，因为他是小批量采购，所以成本比较高，虽然卖了不少，但盈利甚微。

后来，他就开始转头去做东北大哥手上的地推项目，这期间他让自己的形象也做了转变：一开始他是懒散的，看着有点像社会青年，剪成短发后，整个人都精神阳光了，看起来也更稳重靠谱了。

整个节目组后来都很喜欢他，因为他有一个最大的特点，就是尽管他遇到挫折也会气馁，情绪会下降，但只要有一点点好的苗头，他就会找到一切机会，把自己鼓励得充满正能量，让自己坚持下去。

其实，说到这里，已经不再是思维层面上的东西了。我们对比会发现，那个研究生女孩正好与他截然相反。头两天，女孩是保持领先的，但她总觉得成功是理所应当的，可是只要一个小小的挫败，之前成功所带给她的成就感就荡然无存了，所以她一直处于负能量、低气压的状态中，自我认可度非常低。

这个 00 后男孩的起步不如女孩，而且后期同样也一直在受挫，但他只要有一点点正面的反馈，就会放大这种激励，用幽默去面对挫折。他甚至还时不时冒出一两句金句，逗得节目组和观众哈哈大笑。他身上的能量喷薄而出，让人觉得，如果他能有好的机遇，可以做到越挫越勇，未来的路是能够越走越宽的。

这个男孩的例子带给我们的启发是什么呢？那就是不能忽视原生性格对一个人的影响。要做成任何一件事情，都不可能一帆风顺，当你处于逆境的时候，你对情绪的掌控能力就决定了最终能够走多远。

有些人一遇到事情，就下意识地把信息流切断，搞自我封闭，其实周围人正在想尽办法要去帮助他，可他们就是扶都扶不起来。当一个人沉浸在自己世界里时，就肯定没戏了。

资源无差别，但思维有强弱

你有没有去找成功人士咨询过阶层跃迁的方法？你认为他们真的能帮到你吗？

他们主观上也许愿意指点一二，但往往没办法给你带来切实有效的帮助。因为只言片语的交流无法拉平认知差异，你认为非常重要的甚至具有颠覆性意义的经验，对他们而言已经是习以为常，不足挂齿。哪怕是小到摆地摊这么一件事情，你去问一个摆了 10 年地摊的人，摆地摊要注意什么，他不一定能说得上来。因为很多细节对他来说已经像呼吸那样平常了，他不觉得这是什么了不起的事情。你去问他，其实是问不出什么东西的，只有你自己去摆一次摊，才能有切身的体会。

举一个很有意思的例子，有人做过摆摊测试，同样一个选址，摆摊的位置只差了 3 米，整个营收效率能差 10 倍甚至 20 倍。你可以从理论层面去分析怎样选址、怎样获客、怎样找流动线，但分析得再多，都不如自己真干一次。

更何况，很多诀窍，任何一个摆摊的人都不会主动告诉你，毕竟再小的生意经都不可能轻易传人。

人生能有几次试错的机会？

在大众创业中，偶尔蹦出来一两个想法，这是很正常的事情。但如果认为这样灵光乍现的点子，一定就能成就一番事业，就不免过于盲目了。

我们团队做知识付费栏目也有很多年了，早期在我们做短视频时，喜欢讲形而上的东西，但渐渐地，我们发现，其实真正能够懂得我们所讲内容的人少之又少。

我们的创业项目内容负责人羽森老师曾经带过一个学生，这个学生家庭条件很好，从父辈开始就一直做外贸。他接手家族企业后，遭遇过一次诈骗，家底几乎被掏空一大半。那几年正好碰到外部环境不太好，国内也有各种恶性竞争，价格被一压再压，他经历了一段时间的低谷，事业上很不顺利。

后来，他去了杭州，跟羽森老师聊起自己创业的想法。

他说："我发现抖音直播带货是一个风口，我自己是做服装行业的，有多年积累的底子。而且，我发现其实抖音上供应链也不太成熟，我想作为一个潮牌供货商，借助抖音平台进行售卖。"

羽森老师问他打算怎样去实现这个想法。

他笃定地讲出自己的思路："我准备招一个人，每天就去看各种潮流品牌的款式，把那些款式扒下来，稍微改一改，相当于做潮牌二创。然后，我再打出样品来，为那些抖音直播间带货博主去供货。以这种方式，我们的款式更新会非常快，也很适合抖音这个平台。"

羽森老师听他这样说，问他准备得怎样了。他表示正在着手准备招人了，马上就要开始干。

你一定以为，羽森老师会鼓励他吧？但羽森老师立刻劝他："对于这件事情，你如果没做好长期的心理准备，就千万不要去做。"

这位学生不理解，他觉得这样好的机会，为什么老师要阻止自己去尝试呢？其实，羽森老师担忧的，正是很多人创业时，对环境和信息所缺失的那种敬畏心。

你认为这位学生的想法很有创意吗？

我们来分析一下，为什么他的创业老师要阻止他立刻行动。

首先，他对于他即将要做的事情，几乎是一无所知。

他的确在服装行业打拼多年，但认知依然陈旧。比如，有一家以 S 开头的服装品牌（以下以"S"指代），它是中国跨境电商巨头，在海外排名第一的服装品牌，主要做外销，在国内没有什么知名度。但在亚马逊上，S 品牌的服装销量甚至超过了 Zara 和其他很多知名品牌，在美国快时尚市场份额占比近 30%。S 品牌一开始就是模仿 Zara，它的团队找了非常专业的设计师去借鉴其他服装品牌的爆品，以平价实惠、款式多、上新快为特点，可以做到一天时间里就上架 6000 个新品，并依靠中国的供应链把价格压得极低。

S 品牌以这种模式做了七八年，而且已经做到了全球服装品牌头部，但这个学生对此竟然一无所知。认知局限到如此地步的人，就是对自己做的行业没有敬畏心。

其次，他对于想要入驻的平台也一无所知。

羽森老师问他："你说要去找直播间，你知道怎么找吗？"

他说："我一家一家找，总归能找到。"

可见，他对当下直播间的生存环境也不了解。以我们团队的调研，100 个带货的直播间，生存超过一个月的不超过一半，超过一年的不超过 10%。好不容易谈下来一家，且不说能不能卖出货，他连自己能不能活下来都未可知。如果要靠供货来做成一定的销量，面对的就不是 10 家、20 家，而是 1000 家、2000 家。

老师问得很直接："你有这个渠道能力吗？你知道招商团长吗？对抖音的精选联盟都一无所知的人，就拍脑袋想做直播间供货商，你自己觉得有把握吗？"

学生当场哑口无言了。

对这个学生来说，羽森老师提到的事情，听起来很不可思议。他在服装行业里一直在接触各种各样的客户，自认为对这个行业了如指掌，资源丰富，人脉充足，但他对于主流玩法，甚至是人家已经玩烂了的压根儿不了解，只是在自己的世界里闭门造车，空想出来一个商业模式觉得会好用，就要去付诸实践。

其实，这在商业领域一直是很普遍的现象。用富人思维和穷人思维的说法给人贴标签虽然过于粗暴，但这的确揭示了一个事实，即认知能够决定行为，而行为决定结果。

富人思维和穷人思维最大的区别是什么？从认知角度去分析，那就是穷人思维总是从自己当下出发：我现在有什么？我现在能接触到什么？我根据这些东西能盘出一个什么东西？殊不知，自己的灵光乍现，可能是别人玩剩下的或者习以为常的东西。

富人思维是怎样的呢？就好比打牌，得知道别人的牌是什么。我们要做一件事情，第一步是想办法去了解别人是怎么玩的。我们要进入一个行业，就要先知道这个行业的头部、腰部的品牌分别都是怎么做的。这些事情了解清楚之后，再去做创新、做差异化产品，才有迹可循。任何创新都不可能是凭空产生的，天下本就没有新鲜事。

说到穷人和富人，他们相同点在于，人生的时间都是有限的；但残酷的事实是，富人有很多的试错机会，而穷人可能一辈子经历两三次折腾后，就很难再翻身了。因为对穷人而言，越走到后面，资金储备越来越少，甚至会面临负债，心态就会越来越容易崩溃。这些事情就是这样一环扣一环，让人越陷越深，这是很现实的社会法则。当然，富人也有富人的风险。

对赛道的选择，考验的是眼光和远见

现在很多人习惯于说富人思维和穷人思维，其实这样的表达不是很贴切，解读成强者思维和弱者思维更合适一些。强者越来越强，弱者越来越弱，强弱的差别除了思维、认知、资源、性格等，还有一点很重要，就是要选对赛道，这考验的是认知、眼光和远见。

常见的例子就是传统媒体和新媒体，现在从收入上就能明显反映出来巨大的差异。此外，40年前进厂的工人和5年前进大厂的程序员，二者本质上是一类人，代表了不同时代的画像。现在的程序员也都面临中年危机了。因为个体的能力带来的变量，远远比不上时代和趋势带来的变量。所以在选择赛道这件事情上，真的印证了"选择大于努力"这句老话。当然，赛道肯定不是僵化的，现在也很少有人能够终身不跳槽、不换岗位，在一次次调整的过程中，就涉及如何选赛道的问题。这一生中，你有许多次机会去找寻更适合你的事业方向，每一次的决策，都是认知、眼光、远见、资源叠加的结果。

除非你是艺术家型的人，追求的是匠人精神，那就另当别论。

如何在变量中寻找确定性？

通过这档真人秀，每位观众都能在心中塑造出一个强者的画像。传统观念中，当强者拿到目标之后，就会开始拆解目标、制订计划，并且非常坚定地去执行。在执行过程中遇到问题，分析问题，再去迭代，这是一名强者最基本的执行力模式。通常我们以为沿着既定的路径就能达成目标，但在现实中我们会发现，无论拥有怎样的学历，或者是否具备丰富的社会经验，我们中的大多数人在面对真实问题时，很容易受到变量，或者是不确定因素的影响，从而陷入瞎干的状态中，很难看清全局。

一旦陷入这种状态，反而会出现"越努力，离目标越远"的恶性循环。

那么，如何避免被变量影响呢？

我们还是应该回到思维方式上，而一个人思维方式的落脚点，其实是对自我的认知。一个自我认知不清晰的人，几乎很难做出决策。真人秀有一个非常好的"他人视角"，甚至可以说创业内容的终极形态。为什么这么说呢？因为创业是一个变量特别多的事情。如果你要学习创业、学习投资，市面上的课程多如牛毛，你可以拿到很多模板和公式，每个企业家也都可以给你分享他的成功方法。但你会发现，一旦放到具体的人身上，每个人遇到的境况和结果是完全不一样的，因为人本身就是最大的变量。你的性格、思维模式、自我认知，会在每一个关键节点影响你的决策。任何模板和公式，只能作用于单一维度，无法预测所有变量，也就不存在放之四海皆准的标准答案。

真正的强者是如何面对纷繁复杂的不确定性，并据此制订出计划的呢？

他一定是在选对赛道后订立目标，然后把这个目标在一定框架下科学地加以拆解，分为一阶段、二阶段、三阶段，打造出一条走得通的链路。这个过程是真正入局的前提，如果前面铺垫没有做好，所有的行为就未必在一个高效的杠杆上。

我们这里说的强弱，不是以资源而论，而是讨论一种思维方式和认知方式。实际上，强者和弱者没有那么大的区别，只是在于他们利用时间的方式不一样。对于强者来说，A、B、C、D、E 五件事情摆在眼前，他会去判断并加以取舍。A、B 事情是跟现在的主线相关，肯定是优先做；C、D、E 属于次线，则靠后。因为他知道自己精力有限，这是最基本的逻辑。

再往下细分，强者会选择用钱去解决问题，比如找服务商也好，或者是招募团队也好，本质上是善于借用第三方的力量去帮他解决一些必须解决的问题，让专业的人做专业的事情，借助外界的力量节约自己的时间，而创业本身就是需要追赶时机的。当一个人拥有了这样的思维方式，其时间成本才会越来越贵。

弱者的思维则不然，他会计较什么是自己不花钱就能干的，并且从这些廉价的事情中得到满足感，结果干着干着，自己的时间成本就越来越不值钱。越是强者，越在意时间，对他来说，时间才是最宝贵的，尤其是到了一定年龄之后，越会发现时间的价值。

纪录片《富豪谷底求翻身》中，一个百亿富翁来到一座陌生的小镇，被要求用1000美元的启动资金，用3个月的时间做出一个估值100万美元的公司。

从头到尾，他都没有说过自己赚不到100万美元，他只是反复表示：我可能来不及。

3个月的时间，一切从零开始，他所有的行动都是目标极其清晰的：通过倒卖一些东西赚到一套房的钱。当然他是在美国，情况不一样。然后，他把房子做了装修，再拿出去卖，因为他之前是做房地产生意的，知道怎么卖出去获得一个好差价。接着，他再用这笔钱作为开店的启动资金。这就是一条非常清晰的链路，他清楚地知道自己适合选择什么赛道、怎么去借力、怎么去招募团队、如何通过股份的方式吸引一群人，用各种各样的方式做成这件事情。

他的每一个动作都是朝着目标去的，但其中也有不顺利的时候，导致他最后直到第86天才真正把店开起来，而他最初预计自己在差不多70天的时候就能开店了。

如他所说的，3个月的时间从零开始做出估值100万美元的公司，确实"来不及"。以他的能力，他一定能够达到100万美元这个目标，他仅仅是卡在了时间上。

最后，还有一些典型的强者思维模式，我们仅仅简单列出：

第一，强者一定是以目标为导向做事，或者说是以终为始的。比如，在选择合作伙伴时，强者就不会去找没有目标感的人，他会在脑中迅速对人群分层。

第二，有了目标之后，还要有制订计划的能力。我们可以称之为框架先行。因为即使是拆解不同的问题，都会有最优框架的，有的人制订的框架好，他的行动效率就高。

第三，极致专注。成功的人做事情都很容易进入一种心流状态，全身心地扑进来，如果一会儿刷抖音，一会儿打个牌，是干不成事情的。

第四，及时反馈，保持内外信息流的畅通。这样才能及时修正自己的行为，而不是故步自封、闭门造车。

第 4 章
生意人必须也是读书人

楠哥有才气

让书成为支撑你成长的筋骨和血肉

前面一直在强调，对自我的认知和对外界的认知，往往能够决定你在关键时期如何决策。因此，如果你是创业者或者职场人，一定要读书，因为读书可以从根本上帮助你构建认知系统。

每当人们对当下不满，想要变得更好时，所想到的第一件事情通常也是读书。毕竟有那么多智者都嗜书如命，我们鼓励自己、安慰自己，多读书肯定是好的。

但当我们面对摊在面前的书，看着里面深奥的理论、抽象的概念、乏味的案例时，内心又隐隐感到一丝不确定：为什么很多人没怎么读书却成了社会精英，而很多人读了几十年书也没见得多有出息？读书与成功之间的关键点究竟在哪里呢？

不管我们是职场人还是创业者，读书与创业、技术攻关、游历等一样，都是学习的过程。你会发现，每一个社会精英几乎都有强大的责任心、目标感、同理心和信念感，所以他们会为了解决问题而不断学习，拓宽自己的认知和能力边界。脱离这些维度，读书对自我塑造所起到的作用是非常有限的。

如果你对自己的学生时代曾抱有遗憾，千万不要因为这一点就认为自己不是学习的料，你可能只是对应试教育下照本宣科的学习方式不适应而已。即使觉醒得有点晚，也绝不代表你不适合学习，只要你是个有责任心和目标感的人，什么时候开始都不晚。

对于想要成为行业顶尖人才的人来说，最好的方法就是与行业顶尖的专家直接交流，参加领域内的各种行业会议，在不断输入的过程中积累学习。然而，现实中的普通人有多少能获得这样的机会和资源呢？对普通人而言，仍然是读书，而且这是确实可行的路径之一。好的书籍可以让我们接触到最新的思想，并且不用受时间和空间的限制。

但是，这里面有一个很重要的点，那就是要学会对书进行分类，而不是抓到手的都狼吞虎咽去读，这样往往会消化不良。我们在学校读书的时候，学校会安排必修课和选修课，现在我们自己读书，也可以将书分为必修和选修。

必修类书籍就是针对你当下遇到的解决不了的问题，可能周围人也帮不了你，但书里面有解决方案。必修类书籍可以帮助我们做到框架先行。从本质上来说，一本书就是一个模型、一个框架，可以解决你现实中的某一个问题。没事的时候，就要去多读这类书，存储这些框架，当真正遇到问题的时候，你就能知道如何精准地找到它。其实，这就是芒格讲的："我的脑子里存储着我掌握的思维模型，可能 80 ~ 100 个就能普适地解决所有问题了。"所以，读书积累应该成为一个成年人认知模型的存储量，这一类是必修的。

另外一类文史哲的书籍，同样也是必修书，但它是属于模型思维类的。从功用上来说，它不如前一类那么立竿见影，但这些书籍能够构建起我们基本的认知力，主导我们在关键时候的抉择。比如当我们面对不公平或者极端逆境的情况下，支撑你的除了原生性格，还有你解读世界的角度、你的胸怀，以及你对人类复杂性的包容。

比如《三体》，这部小说为什么能引起这么大的反响？科幻小说内容天马行空并不稀奇，但引起人们巨大共鸣的是小说中的"黑暗森林法则"，人们总以为科学更发达的世界，道德会更高尚，因此热切地邀请三体人来拯救地球。结果我们都看到了，等来的是三体人的入侵和屠杀。我们以为会和三体人来一场势均力敌的星际战争，结果地球集全人类之力而打造的两千艘恒星际战舰，被来自三体的一颗"水滴"，在三十分钟内就毁灭了。更不必说更高维度的"歌者"文明，随手投掷的二向箔，就可以毁天灭地，将整个太阳系都从三维空间降成二维平面，所有星球和生命一起化为死寂。

当我们还在纠结于日常生活中的鸡毛蒜皮时，根本不会意识到，来自更高维度的打击，会让现在的一切直接土崩瓦解。

所以，我们要么认为自己很牛，要么感觉自己被困难压得喘不过来气，可是当我们用宇宙尺度来看待事情，就是所谓的"降维打击"后，回过头来再看现在鸡毛蒜皮的事情，你就会跟这些事和解。平时在工作中，我们会看到，那些特别上进的人，他们的神经往往也绷得特别紧，对自己的要求非常苛刻，但凡事情没有按照预想的发展，他们整个人的心态就特别拧巴。这些人通常是文史哲读得很少，在他们的认知中，只有成功达成目标，却不知道该怎么去包容、去怀柔这个世界。

如果说，前面提到的思维模型类的书籍是框架，是支撑我们成长的筋骨，那么文史哲这一类的书就是血肉，是能够起到缓冲作用的。王阳明说的知行合一，我们绝大多数人是达不到的，但是阅读一些宏观层面的东西，是能够帮助我们更好地理解这个世界的。这就是法国文学家罗曼·罗兰在《米开朗琪罗传》中写的："生活中只有一种英雄主义，那就是在认清生活真相之后依然热爱生活。"

不可否认，现实层面是刺刀见血的，我们需要一些喘息的空间。如果你做的一直是执行层面的东西，可能会觉得文史哲类的书籍不是那么重要，毕竟它们似乎没办法帮我们解决当下紧迫的现实问题。但是，人生总会遇到那些暂时无解的问题，我们怎么去突破瓶颈呢？还是可以去书中找答案。

有一个比较火的词叫松弛感，当然，人们对这个词有不同的观点，有人觉得松弛感意味着躺平；但也有人是从提高认知维度的角度去理解，那就是"居高处舒而不断，落低谷蜷而不折"。一个人的心态要有弹性，能紧绷也要能松弛，这样做事情才能够有持久度。

还有一个词叫钝感力，其实与松弛感要表达的是一个意思。我们用一个画面去形容可能更好理解：假设你走着路，不小心迎面撞上了一个障碍物，"嘣"的一声之后，你整个人肯定是蒙的。大多数人没有松弛感，想的是"我要赶紧搬走这个障碍物，谁也不要阻挡我！"但是，如果是一个有松弛感的人，他就会想：既然已经让我停下来了，我就退一步，看一看到底是什么东西挡在前面？结果就是这一看，可能就发现旁边其实有一个非常宽敞的通道，可以很轻易地走出去。

无论是松弛感，还是钝感力，都可以从那一类看起来"非刚需""无功能"的书中获得。这类书可以让我们活得更通透，在事业遇到危机或者瓶颈时能够很快地振作起来，用开阔的视角去看待问题。所谓"无用之用，方为大用"，正是此理。

不要跳入"嗜书如命"的陷阱

这是一个信息爆炸的时代，知识多到学不完，我们比的不再是学不学的问题，而是认知效率的问题。大家都知道"樊登读书"，樊登老师每周要讲一本书，一般人都会认为樊登老师把大部分精力都花在闭关读书上了，可事实并不是这样。樊登老师一个月讲四本书，但其实是放在同一天录完的，并且每本书只需要列好讲解的提纲，大部分都是即兴而讲。而且一些工具类、知识类的书，他只要花一两小时就能读完。

有人可能会质疑，看那么快岂不是走马观花，能看进去多少呢？有人特地就书中的一些具体问题挑战了一下樊登老师，结果所有问题他都能对答如流，并且直指要害。

大家很好奇，他到底是怎么看书的？樊登老师的回答让人茅塞顿开。他说，他在读一本书之前，一定会先对书进行分类，如果是经典书籍，他会集中时间和精力去攻读；如果是工具方法类的书，只要抓住其中的核心理念就可以了；如果是娱乐类的书，可以利用上厕所、等车这些碎片时间，随时拿起来读。这样一分类，阅读效率就大大提高了。

另外，在看书的时候，一定要先通过序言、目录，了解作者想表达的框架，根据自己的需求来挑着读。读书不一定非要从头到尾、逐字逐句，更重要的是边读边思考。其实，读书是一个拓宽自己知识体系的过程，随着你的积累越来越多，一本书能带给你的信息差也就越来越小了。这就是为什么知识渊博的人找到一本好书，会有种久旱逢甘霖的喜悦。

有人为了追求一种读万卷书的成就感，每天都坚持阅读，并且读得极多、极快，甚至能一年读上四五百本书，真的是"嗜书如命"。但唯独不能让他们满意的是，读了那么多书，却没有任何改变，甚至脑子更乱了。读书这件事虽然好，但陷阱不少，不是想读就能读的。很多人在聊天时满口都是时髦的新词儿，会说很多唬人的概念甚至"黑话"，看似懂得很多道理，但一问就容易露馅，这就是阅读的陷阱。

很多时候，我们都处于"假阅读"状态，造成这种状态的深层原因在于，我们已经习惯于低密度思考。日常的待人接物和处理琐事，使我们在绝大多数时间里，都只是调用原有的记忆模块，顺着原有的习惯做出反应而已，真正需要我们深层思考的时间并不多。如果你只是为了阅读而阅读，读完书只是学会了"转词儿"，满口都是虚头巴脑的概念，却一个都用不起来，也无法通过思考去挖掘这些概念背后的深层意义，这都属于无效阅读，会越读越笨。认知力是与思维能力紧密相关的，抓到什么书就读恰恰是由低层次的情绪决定引起的，这样盲目地读书，你的大脑很难得到真正的思维滋养。

如何选择适合自己的书？

我猜你的书柜里还有不少没有拆封或落满灰的书吧？你可能正在为自己容易变心感到苦恼，为什么买的时候兴致勃勃，真正开始读的时候，又觉得兴趣全无呢？如果你正好有这样的困扰，不妨随我一起做个理智决定，让自己真正爱上阅读。

选书通常可以遵照两个原则：

第一个原则：学了就能用。先问问自己："什么是我当前最迫切、最需要解决的问题？"比如我是做培训行业的，招生难的问题迫在眉睫，我想要解决，就去请教了业内前辈，请他们只推荐一本书。他们会推荐哪本书？请注意，这个问问题的方法很重要，你不但要明确问题，还要限定数量，对方给你的推荐就会比较慎重。而我得到最多的答案就是《增长黑客》和《流量池》，于是果断买入。我只用了一天就把这两本书看个大概，从中找到了一些可能有用的方法，立即投入实战。在多次尝试之后，招生终于有了起色。之后我还把这段经历分享给了一些同行，又做了一波试验。所以，带着问题去阅读能直接产生回报。

第二个原则：找到"阅读学习区"。内容太深奥的书读不下去，而且容易引起内心的恐慌和排斥；太幼稚的书又让人觉得无聊，最好是难度比自己原先的认知稍微高一点点，我们称之为"学习区"。

你发现了吗，难度的标准也是由你自己定的。那么，怎么判断一本书的难度呢？你可以打开书的序言和目录，如果发现里面提到的大部分概念都似曾相识，但又不是很明确，那么很可能这是一本对你难度适中的书。

当然，这里面还有一点需要注意，就是要当心名词堆砌而成的书，这类书往往"不说人话"，通过各种各样的理论和概念故弄玄虚，来展现出自己的优越感。刚开始读，可能你也会被绕进去，感觉这本书好厉害，其实现实层面的问题一个都没涉及，全在顾左右而言他。这样的阅读会让人仅仅停留在表面，读后所有的痕迹都烟消云散了，纯属浪费时间和精力。

所以，我们要谨慎选书，无须焦虑地追求速度，抑或收集一堆和自己实际需求没有太大关联的知识。如果你能掌握这两个原则，你就能跳出大多数读书误区了。

你有为他人提供价值的能力吗？

普通人可以做私域吗？

现在大家都在说要打造私域，有一本书叫《1000 个铁粉》，讲述的就是纯粉丝经济，不论是线上电商还是线下门店，只要你拥有 1000 个铁杆粉丝，就完全可以养活自己。不可否认的是，随着互联网进入存量用户运营时代，拓展新用户的空间日益缩减，这就意味着需要将目光转向挖掘老用户的潜力，私域作为精细化用户管理的手段，已经成为大的趋势。

那么，是不是谁都可以打造私域呢？

我们知道，粉丝量就是流量，就意味着关注度、影响力和变现能力。可是换一个逻辑去讲，我们凭什么让这 1000 个铁粉关注自己？肯定是因为你对于这 1000 个人而言是独特的，所以本质在于你能为别人提供不可或缺的价值。

私域并不意味着一本万利。如果说私域是一串 0，那你就是 1，你得明白为什么要去打造私域，否则就会陷入传销逻辑或者割韭菜逻辑。与其忽悠别人，不如打造自身，1 和 0 还是要分清楚的。

事实上，如果你能给别人提供的价值足够高，那么从 1000 个铁粉到 10000 个铁粉是很轻松的事情。所谓打造私域技能方面的东西是很简单的，无非是依赖一些工具和链路，这些事情只要招一个绩效计算师，标准化的东西他都能替你完成。那么，你该做的是什么呢？是提升自己为每个客户创造更丰富价值的能力。如果你还有很好的文字表达能力，就可以把效率进一步提高。

私域的核心是长期关系的培养。

私域流量不是简单地收割朋友圈，而是一个个真实的客户与运营者的联结关系，比如有些人以"樊登读书"为榜样，也试着做讲述人，采取的是公域加私域的模式，确实吸引了一些铁粉过来，线下活动也开展得挺好。可一旦因为外在因素导致活动中断，这些粉丝就都消失得无影无踪，根本谈不上长期价值。

再如，有一些书友会的活动，会邀请知名点评人去现场，就会发现一个很有趣的现象：如果某一位点评人到场，活动就很火爆；点评人一旦缺席，大家就不愿意去了。究其原因，点评人会对分享的书进行仔细分析，讲书好在哪里、不好在哪里，自然而然就吸引了不少高认知的人来听。可是到后来，活动就变成了单纯的情绪鼓励，因为分享书的书友缺乏足够的知识面，很难讲到点子上。所以，私域里的1特别重要，我们也可以称之为灵魂人物。你会发现，有些运营得不错的私域，往往都有这么一个角色存在，即使不去刻意运营，也能留住用户，并建立起产品的自身传播性。

如果你也想做私域，最重要的一步并不是怎样去吸引1000个铁粉，而是让自己变得更有价值，成为以上案例中那个"必不可少的点评人"。

第 5 章
怎样寻找靠谱的合伙人

龙艳妮

为什么会从一拍即合到一拍两散？

合伙人制度，其实古已有之。《张丘建算经》中记载："今有甲持钱二十，乙持钱五十，丙持钱四十，丁持钱三十，戊持钱六十，凡五人，合本治生。""合本治生"意味着共同出资、共同经营，也共同承担风险。过去欧洲国家发展海外贸易，靠个人力量很难做成大生意，那些敢于冒险的人就会找人提供资助，出钱、出力优势互补，等赚了钱后利润均分。这些都可以说是合伙人制度的雏形。

既然能够成为合伙人，那么在合作初期，必然是因为彼此有吸引对方的条件和特质而走到了一起。然而，合伙人半道拆伙的情况屡见不鲜，有人甚至把找合伙人比作找结婚对象，因喜欢而结合，因了解而分手。

一般来说，合伙人之间的矛盾主要集中在性格和能力这两方面。

每个人的性格都不一样，在寻找合伙人的过程中，人们有时候会像飞蛾扑火一般，只关注对方突出的特点，到最后，反而是这些特点让彼此感到厌恶。双方之所以成为合作伙伴，有时候是性格相似彼此吸引，有时候是性格互补。

那么，到底是相似的性格好还是截然不同的性格好呢？其实，在合伙人之间，并不存在完全合适的性格。双方可能会因为个性、想法、工作方式的相似而感觉相处起来舒服，而相异的性格则可能会拓宽双方的思维方式。

但我们要注意的是，合伙人与朋友有着很大的不同，无论性格相似还是互补，都有可能导致一拍两散。尤其是性格相异的合伙人，更容易闹掰，因为一旦初期的新鲜感随着时间推移逐渐消失，那么彼此迥异就意味着分歧，最终导致互补的幻象破灭。

除了性格问题，能力高低也是影响合伙人相处的重要因素，与能力不匹配的人合伙，就不能产生"1 + 1 > 2"的效应。一个公司如果想持续经营，有两种关键能力不可或缺——拉来业务和交付业务的能力。很多成功的合伙人公司，常常一个主外、一个主内，擅长对外销售的拉来源源不断的业务，擅长对内运营的就扎扎实实做好产品交付。如果合伙人都去搞产品，或者都去拉销售，是不能让公司很好地持续运转的。

筛选合伙人的核心点

在筛选自己的合伙人时，最好能够深入了解彼此，即使你们已经相识很久，以为彼此早已知根知底，但理解也是有偏差的。要成为合伙人，对方的价值观、诚信度和能力是需要加以认真审视和评估的。

合伙人要能合心、合力、合资源，最后才是合钱。

合心就是价值观，这点尤为重要。作为共同经营某项事业的合伙人，彼此的价值观会渗透到日常管理的各个方面。杨致远和大卫·费罗共同创办了雅虎公司，他们都十分认同勤俭节约的经营方式，即使后来雅虎成为世界顶尖公司，但从合伙人到执行官的薪酬都低于硅谷平均水平。他们还常常为了节约出差费用，每次参加完会议就第一时间离开，这样就可以不必在酒店住宿了。正因为雅虎合伙人的价值取向一致，才能在错综复杂的互联网大战中脱颖而出，不断吸引、激发与他们志同道合的人加入进来，一起推动公司不断攀登高峰。随着公司的不断发展，初创期合伙人的价值观就演变为企业文化，反映的是团队最真实的需求和意图，也是公司大多数决策的基础。

《文子》中有这样两句话："故同言而信，信在言前也。同令而行，诚在令外也。"诚信对于合伙关系来说至关重要，对此要特别加以观察和了解，可以从对方身边的朋友、同事或熟人那里了解，从而判断此人的品质是否值得信赖。

合伙人的合力说的就是双方的能力是否匹配，而上下级关系的确立常常也是由能力来决定的。这里的能力包含多个维度，可以理解为学习力、思考力、分析能力、沟通能力、协调能力等。当然，每个人都各有强项，有些人具备领导才能，但不一定适合做具体业务；有的人更适合做产品开发，让他从事行政管理就不适合。所以，对合伙人的画像越精准到位，越能弥补自身团队的不足，这样才能在日后合作中减少摩擦。

合资源，这很好理解，每个人所擅长的领域不同，掌握的信息渠道不同，也有各自的人脉，可以将这些都进行共享。

最后，才是合钱，就是将各自可用于合作的资金拿出来，划分好股权，商定好收益占比，以免在今后合作中因为资金结构混乱而产生矛盾。

在"压力时刻"评估对方的靠谱程度

我们在前文分析了筛选合伙人的几个核心要点，然而无论生意大小，归根结底，大家都是希望找到靠谱的合伙人。为什么很多创业公司，最后都毁在合伙人手里？如果要细究其中的原因，很难有标准答案，因为人性是复杂的，不管我们怎么用心地事先去详细考察一个人，拿到的资料依然是经过美化和包装的。甚至我们与一个人认识很多年，也不一定能真正看透他。

在我们的人生中，很少会真正经历极端时刻，但倘若在与他人共事时遇到了这样的时刻，我们可以称之为"压力测试"，因为只有当一个人被逼到极致的时候，表现出来的那个人才是真正的他。过去打仗时，为什么战友情那么珍贵？因为他们是同一个战壕浴血奋战出来的，是可以托付后背的生死之交，这种感情对于长期处于和平环境的我们，是很难建立的。

当然，生死之交也不一定百分之百能够走到最后，也会有理念冲突、利益冲突，但对于合伙人来说，这是一个大前提。**不管对方的履历有多好、气场有多足，如果没有一起真正做过事，就不要急着与之合伙。**前边说到的价值观也好，能力和诚信度也好，都是只有真正干的时候，才能反映出短板在哪里。

举个我们公司的例子。在我们创业初期，曾经有 A 与 B 两个人同时被招进来。A 的家庭背景好，履历也比 B 更漂亮，面试时侃侃而谈毫不怯场。相比之下，B 的综合素质似乎不如 A。但因为公司正好接了一个大项目，急需人才，于是两人都被招进了公司。

处于初创期的公司，很多时候一人是当几个人用的，原本领导对 A 寄予厚望，给他压了很多活儿。谁知，没过多久，A 的负面情绪就开始暴露出来，对工作挑三拣四，尤其不愿意与他人合作，处处要表现自己。初创公司的流程和管理难免有些疏漏，他处处看不顺眼，一边做事情一边吐槽。

同样也处于高强度工作状态的 B，踏实肯干的作风被大家看在眼里，渐渐地，大家都愿意与他搭档，谁都不愿意搭理整天抱怨的 A。后来，B 在重要的项目中的表现可圈可点，与大家同心协力，用一个月的时间就完成了原本三个月的工作量，老板对他的态度也大为改观。

找合伙人同样如此，今天我在这儿拼命，你在那儿稳坐钓鱼台，想必没几个人能受得了吧？除非是资源互补型的合作模式，但在这种情况下，你们也不是合伙人关系，本质上只是双方的商业跳板而已。所谓"知人者智，自知者明"，寻找合伙人就是一个认知他人的过程，同样也是自我认知的过程。除了在压力环境中认识他人，对自己的能力考察也是一样，只有把自己逼到一定的程度之后，你才知道自己处于什么水平、有什么短板。所以，在确定合伙人关系之前，要更深刻认识自己、更深入了解对方，同时还要明白彼此如何能更有效地合作。

从根本上来说，想要找到靠谱合伙人，再多的理论方法都不如一次实际合作来得有用。

合伙人差距太大怎么办？

合伙人的前进步伐常有快慢，很多人容易忽视掉这一点，最后导致团队出现两极分化，跑得特别快的那部分人很难理解：为什么他们做得这么慢？为什么这部分怎么都推不动？为什么他们会做出这种东西来拖后腿？其实，人与人之间的差距确实会逐渐拉大，有些人专业能力很强，也愿意为工作投入很多精力，还不要求高工资；有些人能力有限，要价还高。

当经历过真正有挑战的工作后，我们就需要下决心淘汰那些没有经受住考验的人。可能从他们的角度来看，还会觉得自己工作很努力，能力也符合要求，因为他们是感知不到周围环境变化的。在某一个领域，有些人的技能和思维方式已经被时代淘汰，因为现在更新迭代的速度太快了，早已不是用三年、五年来衡量了，可能一到两年，行业技能就已经发生了极大的变化。

通过压力测试，就能筛选出真正优秀的人，能够与优秀的人共事，会让人在不知不觉中领跑同龄人，甚至都没有感受到自己做了什么事情。以前老师傅带徒弟就是这样，头三年就让徒弟干点杂活儿，真功夫哪会一五一十教给徒弟？笨徒弟就只是一板一眼，师傅让做什么就做什么，但聪明的徒弟会在长期的共同生活中观察师傅，把师傅的一招一式都学在心里，在潜移默化中，就知道师傅是怎么做的，慢慢地就把本事学到手了。

所以，公式也好，模板也好，这些都没有什么太大的意义，只有共事过，才能测试出他是不是我们想要找的那个靠谱的合伙人。这就是找合伙人的逻辑。

02

创富实操：
那些能赚钱的
小生意

第 6 章
本地商家运营师的养成

楠哥有才气

什么是本地商家运营师？

随着电商平台以及线上营销的风靡，本地商家运营师的作用日趋明显。

那么，本地商家运营师到底是什么呢？我们可以将本地商家运营师看作电商平台类公司中的一个运营岗位，在商家和平台之间发挥着沟通桥梁的作用。通过本地商家运营师的一系列操作，平台能够获得大量的优质品牌、单品、服务、内容等，从而获得更加快速的发展。

简单来说，本地商家运营师的主要任务就是帮助商家在短视频平台上引流拓客。

一名专业的运营师主要有两项核心技能：销售能力和运营能力。前者指的是自己可以拉拢到目标商家，后者指的则是能帮助目标商家拉到顾客、卖出团购券。作为本地商家运营师，其主要收入就是来自这些商家卖出的团购券中的流水分成。

那么，本地商家运营师能拿到的分成到底有多少呢？我们的调查员做了一番调研，本地商家运营师所能拿到的分成视个人能力而定，少则月赚几千元，多则月赚几万元；有一些人甚至开了工作室，做到了月入几十万元，收入更为可观。

为什么差别会如此之大？一句话，这是低阶玩法和高阶玩法的差别。志在成为本地商家运营师的人可以先从低阶做起，然后再逐步向高阶进发。看到这里，你心动了吗？是不是已经摩拳擦掌、跃跃欲试了？

本地商家运营师的发展前景

或许你之前没有听过本地商家运营师这一职业，但在短视频平台上肯定接触过。实际上，我们不仅可以在此类平台上"刷美女"、追剧等获得娱乐的享受，而且利用好平台的流量还能帮助我们轻松赚钱。

短视频平台发展本地生活是大势所趋，众多的商家也迅速抓住这一趋势，抢占先机，获得了不俗的成绩。当然，有一部分商家没有意识到这一趋势或者受自身知识所限，并不懂得如何利用平台发展自己，于是，本地商家运营师便应运而生了。本地商家运营师可以指导这部分商家运用各种平台和工具发展自己的店面、吸引顾客，抢占更大的市场。

那么，本地商家运营师这一职业到底发展得怎么样？在整个业界处于什么水平呢？

据职友集等网站的数据统计，除策略运营、商业运营外，本地商家运营也有着不错的发展前景，相关岗位工资并不低。

通过近一年 11706 份职位样本调查数据发现，商家运营 2022 年平均薪资 1.38 万元，较 2019 年增长 33%；在薪资区间分布上，含应届毕业生数据统计在内，月薪 8000 元以上占比达到 40.7%，最高区间 3 万～5 万元占比达 7.6%。可见商家运营这一岗位的工资还是比较可观的，前景也值得期待。

通过我们的详细调查，可以告诉大家的是，目前本地商家服务是一块非常大的市场，这也是步入市场的一个绝佳契机。比如抖音推出了一个官方工具，叫作群峰系统。这个系统是运营师的好帮手。过去运营师帮商家卖团购券，卖出的钱是直接打到商家后台的，但结算的时候非常麻烦，还可能会遇到赖账的商家，很多运营师对此苦不堪言。

而现在，只需要通过群峰系统绑定好商家，设置好分佣比例即可。运营师卖出一张团购券，群峰系统就会自动结算分佣，还能对账，效率得到了大大提升，为运营师解决了这一后顾之忧。

可以说，本地商家运营师不仅仅是一份能让我们赚到钱的副业，实际上只要我们肯钻研，它也可以成为一份体面的工作。本地商家运营师的入门门槛并不高，前期需要我们自己上门去做好地推，这要求我们克服内心对社交的恐惧。一旦涉足这一行业，我们在获得成功后就一定会有更大的发展。目前，有很多的本地商家运营师获得了成功，取得了不俗的成绩，我们可以从中吸取他们丰富的经验为我所用。

本地商家运营师的进阶之路

董大萍大姐是一位 90 后宝妈，她就是本地商家运营师大军中的一位佼佼者。

她最初是做建材生意的，在接触本地商家运营师这一职业后，就将目光转向了具有高频高流量的餐饮行业。目前董大姐已实现月入六位数的目标。

董大姐是如何实现这个业绩的呢？

像众多的新手一样，她最初就是通过卖"爆满"获得成功的。"爆满"是一个能为商家带来客流量的工具，后续我会带大家详细了解。爆满能为实体店商家带来很好的流量，尤其是适合高频高消费、人群流动性大的餐饮行业。

董大姐认为："餐饮是有很大的人流量的，商家可以用这些人流量去做倍增，做业绩的推广。"简单来说，董大姐为商家做了增量市场和增量服务，而她也从中获得了一定的服务费。

即便这一职业很有前景，但董大姐还是建议新手不要操之过急，要按部就班地进行。只要你为某一个商家做好了服务，他就会为你提供无限的资源和人脉。

实际上类似于董大姐这样的本地商家运营师还有很多，他们成功的道路大同小异，只要肯努力、肯钻研，紧跟当今互联网的发展形势，从入门到成为一名成功的本地商家运营师并不是一件难以想象的事情。

如何成为一名本地商家运营师？

本地商家运营师这一职业虽然简单易上手，但也需要一个过程，这个过程我们也可以称为"本地商家运营师职业发展规划"。依据董大姐的分享，我们总结了成为本地商家运营师的三个阶段。如果你有意向从事这一职业，就要按照以下阶段按部就班地去学习。

第一阶段：掌握基础技能阶段。

这一阶段是入门打基础的阶段。新手要学习大量的专业知识，要了解本地商家运营师是什么、做什么、怎么做。这一阶段的主要任务是学习，而不是开单，要跟着老师或者教程好好学习专业知识，完成基础作业。

第二阶段：尝试跑业务实践阶段。

建议先跑一个最简单、最容易成交的项目，比如爆满。你开的第一单就是你进入第二阶段的里程碑。当你开了 10 单爆满，或者推出 10 单基础服务时，相信你对于整件事情的操作已经有了基本的概念和认知，就算入行了。

第三阶段：进阶阶段。

这一阶段除了跑业务，为商家推简单的工具或者基础服务之外，还要去琢磨怎样帮助商家做服务和做运营从而赚取更多的利益。

比如，在你获得第一个本地商家的支持后，就可以把他绑定在群峰系统上，在其卖出团购券获得利益后，你就可以赚到其中的提成了。你拿到第一笔提成的时候，就说明你的赚钱模式发生了本质的变化。在此之前，你所做的事情，比如卖爆满、帮助商家做账号搭建，这些都属于靠销售产品或服务来赚取服务费，还属于第一阶段。但当你帮助本地商家开出第一单时，不论你是通过与达人合作还是拍视频或者其他任何途径，只要你通过帮助商家卖团购券来赚取提成，这时你就可以称为本地商家运营师了。你的赚钱模式也从最初的开一单赚一单，变成了渠道收益，这说明你的运营能力已经成熟了。

新手先学会利用爆满开单

万事开头难，作为一名新手，你或许会有这样的困惑：我该怎么说服商家买单呢？绞尽脑汁，好话说尽，商家老板就是油盐不进，该怎么办呢？

实际上，通过我们团队对众多成功的本地商家运营师的采访与调研发现，他们在自己摸索前进的道路上还是有一定技巧的，很多运营师是通过卖爆满而开出了自己的第一单，从而走上了成功之路。在下文中，我将教给大家如何利用爆满开单，当你开出自己的第一单后就会信心倍增。

（一）什么是爆满？

爆满，实际上是一个帮助商家在抖音上低成本获客的工具，也就是我们常说的同城探店码。具体来说，爆满就是通过来店顾客在其抖音号上转发商家店铺视频的方式，从而增加店铺曝光量，帮助商家宣传，实现低成本口碑裂变。

商家可以利用爆满这个工具绑定群峰系统，创建活动，上传视频素材，系统会智能地把这些素材剪辑成上千条视频。一套素材混剪组最多可以上传 5 个场景，每个场景包括 5 个片段，总计最多上传 25 个视频片段，系统会将素材合成混剪视频，每个场景抽 1 个视频片段，按照 5 的 5 次方计算，能组合成的成品视频数量为 3125 条，而一个活动最多可上传 3 套素材，所以如果上传了 75 个视频片段，理论上可以合成 $3125 \times 3 = 9375$ 个视频。这一步就直接省去了商家自己制作大量视频的成本。

视频合成后，我们就可以制作带有二维码的精美海报，展示在店铺之中，然后通过给予顾客折扣或者优惠的方式引导顾客一键扫码，即可以让顾客在自己的抖音号上发布一条本店的宣传视频，发布的视频中会带有商家的具体地址。如果商家开通了团购，抖音用户观看视频的时候，点开视频中的地址链接，团购套餐也会展示出来，用户可以直接下单购买。这样就很方便且快捷地增加了曝光量和团购销售量。

一名专业的本地商家运营师，既要有销售能力，让商家成为你的客户，又要有运营能力，能帮商家卖出团购券。对于新手而言，如何找到和拓展目标商家是成功的第一步。据我们调查，利用爆满就是一个非常好的途径。

为此，我们的调查员采访了 50 位以上做本地化商家服务比较成功的运营师，对他们的"首单"展开了调研，相信会对有志于入行本地商家运营师的人大有帮助。

前文中我们提到的董大姐就是利用爆满顺利地开出了自己的第一单，她当初作为一名新手也是什么都不懂，在听了有关本地商家运营师公开课后才恶补关于爆满的知识，她真诚而细致地向商家老板讲述了爆满的特点和优势后便顺利地成单了。

有时候有些事情做起来并没有我们想象中的那么困难，只要肯付诸行动，那么成功就离你不远了。

（二）如何利用爆满开单？

爆满是一个非常好的工具，如何利用好这一工具开单，实现收益，需要一定的技巧。我们在此总结了两个方面的技巧：一个是找对商家是王道；另一个是地推策略很重要。

1. 找到合适的商家。

如今各行各业的线下商家有很多，如何找到适合推广的商家是一门学问。作为一名初出茅庐的本地商家运营师，在选择商家时可以从以下两个方面考虑——这都是我们采访过的成功运营师所总结出来的宝贵经验，你可以拿来为己所用，少走弯路。

第一，从店铺产品特性和人流量特性来说，店铺要有比较高的人流量和消费频次，爆满更多的是依赖到店顾客转发视频增加曝光量，所以店铺本身的人流量大小就很关键。你在推广时就要挑选人流量大的商家，比如餐饮店、足浴店、理发店等，这类店铺就比较适合推爆满，会大大提高成单的概率。

第二，有引流需求但自己摸索未果的商家。这部分商家想做线上引流，但苦于做不好或者压根儿不会做。对于这类商家，你可以向他们极力推荐爆满，让他们明白爆满能实现低成本引流获客的目标，这样他们就很愿意尝试购买爆满，你也很容易成单。当然，商家要开通爆满的一个重要前提是要有自己的抖音号，同时最好还要设计自己的团购套餐。在这方面，你可以协助商家去做。总之，就是要让商家看到你能给他们带来什么好处，当商家意识到爆满的优点，能够深入地跟你交谈时，恭喜你，你离成功开单就不远了。

2. 制订合适的地推策略。

作为一名本地商家运营师，想要与商家达成合作，主要有两个关键点：一是要满足商家的需求，也就是投其所好；二是要获取商家的信任。

那么，怎样才能满足商家的需求呢？

首先，要十分了解目标商家的痛点。除了了解商家是否有开通账号和团购套餐之外，也可以根据店铺的人流量、销量等信息来明确商家的痛点，比如是否存在获客难、销量低、不懂抖音店铺运营方法等问题。然后，你还要熟悉爆满的产品功能，以便对症下药。比如爆满是属于线上获客，通过到店顾客的转发宣传就能快速增加曝光量，并且发出去的视频是以同城 3 ～ 5 千米为主，相比于发传单覆盖面更广，流量更精准。并且视频加上声音解说的形式更能使顾客产生兴趣，吸引对方进行消费。这就在很大程度上解决了商家获客难和销量低的痛点。而且爆满这项工具智能化、操作简易，加上运营师的服务就解决了商家不懂店铺运营的问题。

从外形到话术，全面武装自己

在了解了爆满工具的功能和商家的基本情况后，我们便可以向商家推销爆满这一工具进而获取商家的信任。

第一，在外形上武装自己。比如可以定制一件印有平台 LOGO 的上衣，然后穿着去商家门店推销。商家一看便知你是做什么的，从而减少你的自我介绍的成本，同时也会增加商家对你的信任感。

第二，提前准备一些商家的资料用于案例展示。比如其他商家操作爆满的视频、用爆满后店铺视频的转发量、商家团购套餐的销量截图、商家反馈的聊天截图等案例资料。这种由他人说出的评价和实操案例，商家觉得更加客观和可信。

第三，在与商家沟通时还要掌握恰当的话术。沟通的整个过程可以用一个公式来概括：

我是谁＋我来找你干什么＋我能提供什么帮助＋店铺目前存在什么问题＋怎么解决＋案例展示。

向商家介绍时可以像这样说：

"您好，老板，我是本地生活的服务商，主要是帮助商家在短视频平台引流拓客的。我看你们店人流量挺大的，在平台上也开了店铺，但没有做周边5千米的同城引流呀，这有点可惜！像你们到店顾客多非常适合做线下带动线上引流。您看这个工具，只需要让到您店里消费的顾客用抖音扫这个活动二维码，顾客的抖音上就会自动转发一条咱们店里的视频，转发的视频还会带上咱店里的地址和团购套餐，这样就能帮你做宣传。而且这些视频不需要您自己制作，系统会自动混剪上传素材。"

相信大部分的商家看到后都会产生一定的兴趣，这时你也可以更加详细地向他们介绍爆满这一工具，并列举翔实的案例。他们看到了其中的实惠和优势，你便离成功开单不远了。

向着爆满进阶玩法进军！

上面是爆满的基础玩法，我们在掌握了这一基础玩法并熟练运用后，就可以朝着进阶玩法挺进了。什么是爆满的进阶玩法呢？简单来说，就是"爆满工具＋基础搭建和团购设置"的组合。这一组合能极大地提高我们与商家合作的成交率，可谓是一把"尚方宝剑"。

我们都知道，商家要开通爆满的话，首先要有自己的抖音号，也要有自己店铺的团购套餐。所以针对那些尚未开通抖音店铺和团购套餐的商家，我们在向其推爆满时完全可以加上基础搭建和团购套餐的服务。

在这里，我们可以思考一下，在当下究竟是什么样的商家还没有开通抖音店铺和团购套餐呢？一般来说，可以分为两类：一类是对抖音引流完全不了解的商家。针对这部分商家，你可以给他们介绍引流的好处，向他们普及如何开通抖音店铺、如何设置团购等方面的知识，这本身也是一个打破信息差，开阔他们眼界的过程。另一类就是对抖音店铺有了解，想做但不会做的商家。要知道的是，其中有大部分商家是没有或缺乏学习能力的，同时也没有一定的学习习惯，平时他们忙于招呼客人，处理各种繁杂事务，根本无暇顾及线上引流。所以无论是哪一类商家，在向他们推荐基础搭建和团购设置时，都是在帮助他们解决问题。当你抱着这样的心态去推广时，也会在无形中提升你的成功率。

所谓基础搭建，就是帮助商家设置抖音号，包括头像、个签、企业账号开通在内的全部操作，团购套餐指的是可以给商家配置团购套餐及上团购。对于没有抖音的店铺，以及没有接触过爆满这一工具的商家来说，他们通常不会也不熟悉这些操作，这时你就可以将基础搭建和团购套餐配置打包在一起，作为一项免费服务赠送给商家，这样既能提高你的开单率，也很好地锻炼了自己，可谓一举两得。

当然，你也可以对这项打包服务进行收费，具体的费用可以和商家协商。比如，可以收取 500 元左右的搭建费用，也可根据具体情况斟酌。

针对不同商家制订不同的地推策略

在确定好目标商家后，就可以针对商家的具体情况制订自己的地推战略。这时就需要你十分了解商家的详细情况，揣摩商家的心理，让商家切实感受到你是在为他们着想。

接下来，我们看看以下两种情况下该如何做。

一种情况是商家已经愿意利用爆满工具，那么之前提到的基础搭建和团购套餐就非常适合这样的商家，你可以将其作为收费项推荐给商家。

在向商家推荐时可以围绕两点进行：第一点是强调"账号基础搭建和团购套餐"是开通爆满的前提；第二点是突出所提供服务的差异化。

你可以这样与商家沟通：

"老板，你看你也觉得爆满很好用，但想开通爆满，前提必须要有账号，最好还得有团购套餐，不然顾客帮你转发的视频上没有挂店里的团购套餐岂不是太可惜了？所以你想用爆满，就必须得找人开账号。一般来说，服务商给你做账号搭建会收取500元的费用，但这里面仅仅包含账号搭建，而在我这儿500元中不仅包含了账号基础搭建，还会帮你把团购套餐都设置好，能帮您节约成本。"

商家看到确实有利可图，我们便很快就能成单。

另一种情况是商家对购买爆满工具本身存在疑惑，为了消除商家的疑惑，促成爆满成单，可以将基础搭建和团购套餐这项服务赠予商家。我们在向商家推广爆满时可以给商家算一笔账，就是给他们算投入产出比。

你可以这样跟商家说：

"老板，我给你算笔账吧！假如今天你买了爆满，我另外送你账号基础搭建和团购套餐的服务，这项服务市场价基本都是2000元左右，这个你可以查到的，但这2000元我不收你的，我也是真的想帮你把线上店铺开起来。我们再来看看你这一年只花660元能得到什么——首先，你有了自己的线上店铺和团购套餐；其次，你不用自己制作视频，也不用线下发传单去找流量，现成的引流渠道就在你自己的店里，用好你的店内顾客，就能帮你带来更多曝光量和店铺销量。这是怎么算都稳赚不亏的一笔买卖。"

以上这些沟通技巧和话术，作为一名运营师新手可以反复揣摩，但请记住一点，我们要想让商家买单，提高成单率，最重要的是要满足商家的需求和获取商家的信任，让他们切实看到自己能够获得实惠，这样我们才能说服成功。

运用云矩阵制作、发布、上传视频

成功进入本地商家运营师的阵营后，你就可以利用各种工具为商家做宣传谋取利益，从中也可以得到相应的佣金，实现长期收益。接下来，给大家介绍一个非常实用的工具，它既能帮助商家经营好自己的店铺，又能帮助你实现长期收益，那就是云矩阵。

（一）什么是云矩阵？

云矩阵其实就是一个能够定时定点生成视频，并转发到多个账号上的工具。商家在上传素材后，只需一键设置就能让多个抖音账号同时给店铺发广告；而且，发布的视频当中会挂有商家的具体地址，如果商家已经开通了团购，抖音用户看到视频时，点开视频中的地址链接，团购套餐也会展示在他们的眼前，用户就可以直接下单购买。怎么样，是不是很神奇？那么，我们在向商家推销时就可以着重描述云矩阵的神奇之处，这样商家才能买单。

云矩阵这个工具开通后，账号可以使用半年，包含可发布1000条的视频数量。对商家来说，这从源头上解决了他们不会剪辑视频的问题。对于本地商家运营师而言，将云矩阵工具推荐给商家，成交一单便能拿到800元的返佣。而且，云矩阵系统在发布短视频时会自动挂团购链接，如果你跟商家绑定了群峰系统，产生团购流水后，也可以拿到一定的团购抽佣，从而实现长期收益。可以说，运营师与商家是一荣俱荣的。在你想方设法为商家谋取利益时，你也获得了相应的报酬。所以你要让商家看到，只有舍得投资才能获得回报，况且这个投资是完全值得的。

（二）云矩阵的优势

云矩阵发展得如此迅速，备受诸多商家的青睐，它自身一定有着过人之处和不可忽视的优势。接下来，我们详细了解下云矩阵的优势。

第一，更优质的服务。

通常我们发布的短视频，本质上其实就是画面、文案以及声音的组合。

首先是画面。画面就是我们所拍摄的视频素材，至于该拍哪些素材，以及如何拍出优质的视频，其中有很多的小技巧，网上也会有很多的拍摄教程，大家可以一步步地去学习，提高自己的拍摄经验和水平。

其次是文案，是短视频的重要内容。很多视频能成为爆款，其中一个非常重要的原因就是文案配得好，这点相信大家一定深有体会。对商家来说也是如此。商家在发布视频时肯定要加入一些吸引人的文案，才能让刷到视频的用户清楚地知道店铺在做什么活动。如果你的文字表达有足够的感染力，就能促使用户立刻下单团购。但是提到文案，很多人都不擅长，觉得是一件头痛的事情。而云矩阵则能帮助我们商家解决这个问题。它有一个灵感采集，也就是文案库，里面有很多现成的文案素材。商家可以根据自己的店铺类型，选择自己喜欢的合适的文案直接套用进去。比如可以根据类目、活动或者节日来搜灵感文案，然后从中挑选合适的文案。

最后是声音，对于短视频来说也非常重要。一般来说，短视频的声音分为两部分，即背景音乐和解说。常规工具生成的视频，通常是给视频加一段背景音乐。云矩阵工具同样有这个功能，它支持 3 个来源的音乐，第一个是可以选择系统内置的 500 首版权音乐；第二个可以选择抖音热门音乐库，这个榜单是每日更新的，选择合适的热门音乐有助于提高视频的完播率。如果以上两个途径我们都没有发现自己喜欢的音乐，还可以自己上传本地音乐，采用自己喜欢的音乐去制作视频。

解说也是一个非常强势的功能。用户在看到画面的同时，还能听到解说，能够清晰地了解团购套餐，从而促使他们购买套餐。自然，云矩阵中还有一个配音库，里面的风格种类有很多，如儿童声、少女声和方言等，商家可以依据自身店铺的风格去选择。总之，在优质画面、热门音乐和出色文案的加持下，视频质量就有了一定的保障。

第二，更安全的服务。

与商家自己去剪辑发布视频相比，使用云矩阵可以让视频更容易发布出去。因为在视频生成过程中，云矩阵这一工具会对素材进行两方面的处理：一是违规检查，工具会对画面、文案、标题等进行安全检测，避免视频出现违规内容，保证了视频的安全性；二是原创处理，工具会对每一帧画面、每一个文字进行原创处理，确保系统合成的每条视频都是原创视频。在保证作品质量的基础上，这样就可以让视频更加顺利地发布出去。

第三，更便捷的服务。

云矩阵还有一个最大的优势，那就是便捷高效。有一些商家或苦于没有时间，或苦于自己学习能力不足，拍摄、剪辑并发布视频对他们而言是一件难上加难的事情。而云矩阵则解决了这一问题，让那些没有专业拍摄团队、不会发布视频、不懂运营账号的商家自己也可以做矩阵账号，通过发布视频来吸引流量，获得大量客户。

如果商家要实现矩阵营销，还可以用多个账号去发布短视频。以前需要一个一个去点击上传发布视频，但现在通过云矩阵工具，商家可以事先设置好视频发布的时间和频次，后续视频就可以自动发布，方便又快捷。这既省却了商家大量的时间成本，又保证了视频的质量，解决了商家的后顾之忧。你在向商家老板推销时，一定要让他们切切实实地感受到这一方面的优势，这能大大地提高成单的概率。

（三）云矩阵的使用方法

或许，商家还有这样一个疑惑，那就是云矩阵这一工具操作起来是不是很复杂和麻烦，担心这样会无形中增加自己的运营成本。其实，云矩阵这一工具使用起来还是很容易上手的，方便又快捷。接下来，我们手把手教给大家云矩阵系统的使用方法。

首先，我们需要做好以下准备：

第一，准备抖音账号。

这个账号就是在云矩阵剪辑好视频后，用来发布视频的账号。原则上，这个账号可以是团购达人的，也可以是素人账号。比如，商家可以找一些员工的抖音账号和亲友的抖音账号，只要能正常发布视频即可。

第二，拍摄好相应的素材。

这里的素材没有什么特别的要求，凡是能展现店铺特色的都可以。如店内环境、店外环境、菜品展示、菜品制作过程，甚至员工风采等都可以。建议上传 30 ~ 50 个素材，并且确保每个分组里有 10 个素材，每个素材建议时长在 3 ~ 8 秒。需要注意的是，拍摄的视频里不要有二维码、收款码、电话号码等，否则平台审核会不通过。

为了保证良好的画面效果，一定要统一使用 9∶16 比例的竖版全屏，因为抖音等平台就是 9∶16 比例的竖版。同时还要保证画质，分辨率选择 1920×1080。当然，如果你为了追求更好的画质，也可以选择用相机拍摄。没有相机的话，手机完全够用了。

第三，设计活动方案及文案。

要事先和商家确定好活动的方案。比如，可以按节日制订活动：七夕浪漫套餐、国庆特惠餐等；还可以是别的活动：店庆一周年、周末畅吃等。

至于活动文案，如果商家没有明确的思路，可以在文案库里挑选合适商家产品的文案。通常情况下，有个性的商家倾向于自己创作或者带有自身鲜明特色的文案，这样的文案会更加吸引顾客。在确定好活动的方案和文案后，就可以直接复制粘贴相关内容，提高操作的效率。

第四，确定好视频发布的时间。

你可以与商家商讨，确定好视频发布的时间。可以循环发布，也可以按次数发布。比如，商家想在每天 11 点发布视频，或者想每隔一天的下午 6 点发布视频，这就是循环发布视频，也可以按照商家指定的时间日期去设置。当然，商家也可以按照视频发布的次数去设置。例如，想要发布 10 次视频，然后再设置具体时间，比如上午 10 点发布，那么就会按照这个时间去发布，直至第 10 次，才会停止发布。

以上准备工作完成后，就进入具体操作流程了。

购买并开通账号，登录账号，之后需要登录后台去做一些设置和上传素材，所有的设置和发布动作都是在电脑端操作完成的，对电脑没有限制。

第一步：登录网站 https://explor-api.meteor.plus/matrix/?#/matrix/account，注册账号；之后用微信扫码和手机验证码的方式登录账号。

第二步：绑定抖音账号，即商家用于发布视频的账号。具体操作为：点击进入"矩阵账号"页面，点击分组管理，预先创建达人账号的分组。

第三步：进行素材管理设置。

第四步：设置剪辑方案。

第五步：设置矩阵任务。

以上设置完成后，云矩阵这一工具就可以帮助大家完成接下来的工作了。总之，云矩阵这一工具，能在地推的时候助你一臂之力，从而获得事半功倍的效果。在向商家进行地推时，大家可以大力推荐这一工具，从而提高成功的概率。

绑定群峰系统，轻松赚佣金

在成为一名本地商家运营师，体验过运营师的高阶玩法后，你就能通过与商家绑定群峰系统而获得长期的收益。接下来，着重介绍群峰系统。

群峰系统是抖音官方针对代运营公司发布的一个佣金结算工具。它其实就是一个方便代运营公司给商家赋能的抽佣工具。

实际上，群峰系统后台官方叫作"本地生活服务商平台"，最初的群峰系统分为 1.0 和 2.0 两个版本，受抖音平台政策的更新和限制，以前的群峰 1.0 系统已停止使用，不再支持绑定商家，这一点大家要注意。目前的群峰 2.0 系统，也叫作"本地服务商后台"，是可以绑定商家抖音号做团购的，你只需要输入商家"拼音来客"的 ID，就能给商家绑定这一系统。

目前全新的本地生活服务商平台绑定的是"抖音来客"的商家，尽管目前企业号商家的数量还是占大头，但最终商家都必须迁移到"抖音来客"，不然团购会被强制下架。这一系统对于运营师还是比较友好的，因为抖音团购产品的上架与下架，达人佣金的修改等，这些功能都会转移到服务商这边，这在一定程度上避免了商家随意变更达人佣金或者随意修改套餐价格的情况。作为一名本地商家运营师，在成功开单并与商家建立深入的合作关系后，可以与商家共同绑定群峰系统，从而获得长期抽佣，实现长期收益。

第 7 章
抖音 SEO：流量生意的蓝海

崔磊－为思考点赞、高盖伦

什么是抖音 SEO？

"抖音 SEO"，看到这个名字你是不是在想："这是个啥？我学这个做什么？"

别着急，我先来问你一个问题。你在刷抖音的时候一定用过搜索功能，假设你想找一家好吃的火锅店，输入关键词搜索，会出现很多相关的视频内容，你有没有想过，那些视频为什么靠前呢？

看起来像是一句废话，排名靠前无非就是产品做得好、销量高或者投广告了。实际上还真不一定。很多人不知道，影响排名的一个很重要的隐性因素就是抖音 SEO。通过抖音 SEO 可以让强者恒强，弱者实现弯道超车。尤其是对于新手来说，这是一个突破前期流量获取的高效途径。下面我将分享如何通过优化 SEO 来提升自己视频的搜索排序。

抖音 SEO，也叫"搜索排名优化"，就是分析抖音搜索功能的排名规律，对账号和内容进行提升和优化，从而让你的视频在搜索结果中更靠前，获得更多的搜索流量。

如果打开招聘类的网站搜索相关职位，你会发现很多企业都在招聘这类岗位，而且薪资待遇都不低，七八千元底薪起步，还有相当可观的提成。

如果你想赚取商家、企业的钱，或者你本身就是商家或企业，想获取流量，那么掌握这项技能就很重要。抖音 SEO 这个领域目前还是一片鲜为人知的蓝海，比做短视频要容易很多。我曾经认识一位网友，他给自己的企业做了 SEO 优化，结果 2 个月获得了将近 100 个客户。这些客户订单都很大，一单金额能达到十几万甚至上百万元。像他这样做 SEO 优化，即使只有 10% 的获客量，效益也是相当可观的。

言归正传，我们先来看看搜索流量是如何变现的。

通常情况下，抖音用户在搜索栏输入一个产品或服务的关键词之前，是已经有了特定需求的，而不是漫无目的的。比如最近家里要装修，就会在抖音搜索中输入和装修相关的关键词。

输入关键词之后，页面上会出现很多视频内容，大部分人都只会看前面几个视频，很少有人会一直往下拉着看，排名靠前的视频被点开的概率远高于排名靠后的视频。

点开视频之后，如果用户觉得内容还不错，那么他可能会点开主页再看一看。如果产品的落地页（商品详情页）信息展现得很清楚，看上去感觉不错，他可能就会私信和卖家沟通，或者加微信、打电话沟通，最终实现成交。

这就是用户从搜索到成交的过程，这也是抖音 SEO 的目的，就是要做好内容的优化，让你的视频出现在搜索排名的前几位，让更多人看到你的产品或内容，增加流量，提高成交量。

抖音SEO：让流量更精准

也许你会困惑："我的视频做得不好，没人看，做SEO有什么用？"

这是一个误区。

的确，影响视频流量的主要因素是完播率、点赞数、评论数、转发量等核心数据，但是抖音SEO针对的是搜索流量，而不是推荐流量，这和视频的播放量和点赞数的多少没关系。而且SEO优化的目的也不是让你的视频重新获得算法推荐，而是要让别人在搜索一个类目时，通过结果的排名找到你的视频或账号。

影响搜索排名的因素是内容相关性、关键词权重等。接下来，我会详细展开说说。不过在这之前，我们要先解决一个问题：

为什么要做抖音SEO？

我总结出了以下三点原因。

第一，大势所趋。

抖音平台在不断加大对搜索的投入力度，从数据上就可以看出：2022年抖音视频搜索月活用户已经超过5.5亿，日均视频搜索量突破4亿次，这个数据还在不断上涨。"今晚吃什么""报个什么培训班""找个厂家谈合作"……越来越多的内容都可以通过搜索找到。用户在哪里，流量就在哪里，把握搜索流量是大势所趋。

第二，赛道拓展。

你知道，抖音的推荐流量是很难获得的，想要上首页、上热门，前提是要做好内容。但是近几年抖音发展迅猛，各类商家、品牌入驻，竞争很激烈，内容也卷得厉害。对于我们普通人来说，做内容还是比较困难的，毕竟不是每个人都有这方面的天赋。但是，搜索优化是一个实操的技术，想做可以学，学了就能用。如果你想从中闯出一条路，搜索流量就是新的出路。

第三，精准客户。

通过搜索来找你的客户，通常都是带着明确目标来的，不是随便刷刷抖音过来消遣一下的。像这种有需求、有目的、强驱动的精准客户，比其他人更容易完成转化变现。

其实"SEO"这个概念并不新鲜，在早期的互联网时代，就有很多人在做 SEO 了，当时叫网站优化，目的是提高网站在搜索引擎内的排名。说白了，就是别人在百度搜索关键词的时候，让自己的网站更靠前，以此来提升点击率。

现在，做抖音 SEO 也是一样的道理。那么，接下来又有一个问题：

哪些人要做 SEO 呢？

第一种是厂家。厂家需要通过搜索优化给自己的产品做推广、引流，他们是抖音 SEO 的主要用户群体。虽然搜索流量比较小，但好在精准，一个订单少则几千元，多则十多万元甚至上百万元，这个投入产出比，对厂家来说是非常有价值的。

第二种是商家。假如你是开店的，想增加一个获客渠道，多一些曝光，为线下店铺引流，那么 SEO 优化就非常适合你。

第三种是做项目加盟和短视频带货的群体。只要坚持做搜索优化就会产生效益，这对他们也是非常重要的。

第四种是应聘与抖音运营相关工作的人群。相关企业在招聘内容里往往会要求应聘者"熟悉抖音玩法和平台规则"，现在所讲的就是从实操层面教你如何玩转搜索流量。

前期准备工作

现在市面上关于这方面的培训课程五花八门，价格几百几千都有，质量参差不齐。有的讲得零碎混乱，有的只讲概念不能实战，学完还是不知道该怎么做。

我现在所讲的就是要完整、系统、手把手地教会你从头到尾怎么做抖音 SEO。这套方法不是凭空出现的，而是结合业内资深人士的经验，经过大量的实战检验亲测有效的方法。所以，跟着学，就能让你真正掌握实操技巧。

先来说说前期要准备什么。

首先，你要有一个抖音账号。如果有现成的，只要没出现过违规、功能正常的账号，就可以直接用（比如私信被封的这类问题账号是不行的）。

然后，要开通抖音"蓝 V"，也就是抖音的企业号。蓝 V 的权重比普通账号高，可以享受到更多权益。比如可以在主页增加电话功能、私信回复、使用企业"DOU ＋"等权益，费用是 600 元 / 年。

开通的操作流程：先在抖音个人主页点击右上角三道杠的按钮，然后点击"设置—账号与安全—申请官方认证"，在"组织认证"里点击"企业认证"，再按要求上传营业执照完成后续流程，等审核通过后进行最后一步"实名认证"（要注意的是，实名信息认证后不可修改）。

前期准备工作就这些，我们再来了解一下"游戏规则"。

抖音搜索的排名规则

既然要做搜索排名优化，那么就要先了解排名和哪些因素有关，才能做到有的放矢，精准优化。这个要从抖音搜索的底层逻辑开始讲起，我分四个影响因素和两个不相关的因素来介绍。

影响抖音搜索排名的四个因素

第一，视频的相关性。

所谓相关性，就是视频标题和内容的关联程度，比如视频的标题是"日料"，但内容呈现的却是东北菜；或者一个工地设备租赁商，他的视频标题是"挂钩钢踏板"，内容却是盘扣式脚手架。即使这两个业务都做，标题和内容不相关也不会有排名，别人搜索的时候自然就看不到。

第二，关键词的权重。

关键词就是你想通过什么词来获取搜索流量，也就是你想要推广的业务（比如东北菜、脚手架），可以用在昵称、合集、话题、标题、视频文案中。下面一个一个来讲。

首先是昵称，即抖音账号的名称。如果是个人账号，你可以随便取一个名字，自己高兴就行。但是如果想要做"抖音 SEO"就有讲究了，一定要根据关键词来取名，记住你的昵称不仅仅是给抖音用户看的，更重要的是要让抖音的搜索系统"看见你"，让它"了解"你的内容。比如，当你搜索"财税"时，账号昵称中有"财税"这两个字的排名就会更靠前。

其次是合集。建视频合集很重要，点开合集可以看到很多个视频，这样可以对视频权重进行累加，迅速提升账号的权重，这个效果是立竿见影的，非常好用（具体操作方法后面会讲到）。

再次是话题。比如，"#"号加上后面的内容（装修、家的样子、厨房装修等）就叫话题，这也是影响关键词权重的一个重要因素。如果想不出话题也没关系，这不用你自己绞尽脑汁去想，而是通过其他工具找到，后面会详细介绍。

接下来是标题。标题就是在你发完视频之后，前面要增加一段描述。不知道怎么取标题也不用担心，后文中我会教你一个公式，直接套用就可以了。

最后是视频文案。在视频中也要有相应的关键词，至于这个词要出现在哪里、出现几次，后面也会展开介绍。

以上五点对于搜索排名都很重要，也是你要去重点关注和优化的内容。这些都可以通过训练得到提升，只要你按照我的方法去做，就会得到实实在在的收获。

第三，视频的反馈数据。

这些数据确实是影响抖音搜索排名的因素，是客观的结果，不可人为控制。

第一个数据是播放量和点赞数。这是人为无法控制的，有的人会说可以买粉、买数据，但这是无意义的操作。既然做搜索优化，自然是要真实的自然流量，如果只是想花钱买流量，有很多更简单直接的方式，没必要这么麻烦，比如抖音官方的推广工具"DOU＋"。

第二个数据是发布时间。理论上，视频发布的时间离现在越近，排名越靠前，大部分情况下是如此，但并不绝对。我们平时在搜索的时候会发现，有些视频是去年甚至更早发布的，但是依然排名靠前。

第三个数据是完播率。就是视频的播放完成率，也就是能够坚持看完的人数比重。比重越高，完播率越高，说明这个视频的内容足够吸引人，抖音平台就会主动去推这些优质内容。

第四个数据是点击率。用户在抖音搜索时，虽然你的视频排名靠前，也被看到了，但他就是没点进来。久而久之，平台就会认为你的内容不行，排名就会掉下去。

以上四个反馈数据，虽然对排名确实有影响，但它们都是结果，不是人为可控的，所以无法进行优化。这些数据要提升，从根本上来说最重要的决定因素还是好作品。如果你在脚本、文案和拍摄技巧上没有太多的经验，也没上过热门，要想在短时间内把这个做好，难度比较大。

第四，"千人千面"。

这个说起来就有点玄学的味道了。你可能碰到过这种情况，同样是输入一个词，你搜出来的内容和别人搜出来的是不一样的。这个影响的因素有很多，比如你之前关注过的一个博主，或者评论过他的视频，又或者是每个人的搜索习惯不一样，导致搜索结果也会有差异，这种情况其实很正常。而且，这种差异一般都很小。你的视频在这个人的搜索排名里是第一，在另一个人那里一般也不会掉出前十。

不相关的两个因素

第一，粉丝数。

很多人认为只有百万粉丝的大V才能排名靠前，但实际情况并非如此。不管你的账号有几十个粉丝还是几十万个粉丝，对搜索排名的影响并不大。

第二，粉丝垂直度。

这个因素更多时候表示的是营销的精准度和转化率，并不会影响到搜索排名。

说到这里，相信你对抖音 SEO 有了一个初步的了解，而且你也明白了影响抖音搜索排名的四个因素中，反馈数据和千人千面是无法控制的，主要还是从提高视频的相关性和关键词优化着手。

视频相关性不难理解，就是标题和内容要一致，别跑题就行。所以 SEO 优化的重点就落在了提升关键词权重上。接下来，我们就从理论转为实操，先从怎么找关键词开始。

如何找关键词？

我们都知道，抖音平台大、用户多、内容难做、卷得厉害，这个时候如果能另辟蹊径，把握住搜索流量，实现弯道超车，为时未晚。

前文说做抖音 SEO 重点在提升关键词权重，问题是：关键词去哪儿找，难不难找？

别担心，现在就跟着我学操作方法。

建关键词库

关键词库可以做成一张表格，如下页表格所示，目的是把以后要用到的关键词汇总起来，用的时候，直接复制粘贴就好了。

关键词可以分为：主关键词、长尾关键词和常搜关键词。

主关键词也叫核心关键词，就是主要推广的关键词。如果你是厂家，主打产品的名字就是你的主关键词。比如对于生产脚手架的厂家来说，那么"脚手架"就是核心关键词。

长尾关键词是与主关键词相关的词，也能带来一些搜索流量，比如"脚手架厂家""脚手架生产厂家""盘扣式脚手架"。

关键词	话题	播放量 / 次	常搜关键词
脚手架	脚手架	30.9 万	
爬架	脚手架升降机	28.8 万	
扣盘脚手架	电动脚手架	20.2 万	
脚手架租赁	可折叠电动脚手架	13.3 万	
盘扣式脚手架	移动脚手架升降机	11.7 万	
	盘扣式脚手架	10.4 万	

常搜关键词，这里按下不表，后面会具体讲解并分享一些小技巧。

关键词多多益善，因为每个人的搜索习惯不一样，只放一个关键词是不够的，关键词越多，意味着覆盖面越大，被搜到的概率就越大。但不能想到什么词都用上，下面这张表格中显示了搜索指数、月搜索量、播放量等具体数字指标，这些指标是用来判断关键词的价值高低的。

关键词	搜索指数	月搜索量	话题	播放量 / 次	常搜关键词
脚手架	11000	336657	脚手架	30.9 万	
爬架			脚手架升降机	28.8 万	
扣盘脚手架			电动脚手架	20.2 万	
脚手架租赁			可折叠电动脚手架	13.3 万	
盘扣式脚手架			移动脚手架升降机	11.7 万	
			盘扣式脚手架	10.4 万	

这些数字指标是抖音平台一段时间内搜索数据的统计结果，被搜索越多的词、热度越高的词，系统就会判定它的价值越高。这些数据个人是无法统计的，不过可以借助第三方工具找到这些数据。

查找关键词

建好一个关键词表后，分为四个步骤查找关键词和话题。

第一步，搜关键词。

主关键词一般是主营业务，这是明确具体的，基本不会有问题。而长尾关键词很多人一时间可能想不到，即使想到了，价值高不高也不清楚。在这里介绍两个工具："巨量算数"和"巨量千川"。

打开百度，搜索"巨量算数"进入界面，最上面一栏有一个"算数指数"，点击进入后就可以搜索关键词和话题。比如以主关键词"脚手架"为例，输入后会出现很多个词，说明这些词与主关键词相关，而且近期都被搜索过。这些词就可以作为长尾关键词，把与你的业务有关的词填进关键词表。

"巨量千川"是抖音官方的电商广告平台，我们不用它去投广告，而是利用它里面的统计数据。具体操作方法也是进入"巨量千川"官网，在登录页面用抖音扫码进入，然后在上面一栏选择"竞价推广"，点击"新建计划"，在"营销目标"里选择"短视频带货"或"直播带货"都可以。但是要记住下面选择"搜索广告"和"专业推广"，最后点击"新建计划"。还是以"脚手架"为例，搜索后获取推荐的关键词，这些也是长尾关键词，找到与自己业务相关的，填入关键词表。

除了这两个工具，你还可以直接在抖音中搜索，也能找到很多关键词。比如在抖音搜索栏输入"脚手架"，会出现很多下拉词选项：脚手架租赁、脚手架升降机、脚手架厂家……这些关键词是系统给用户的推荐搜索，很多人也会点击进去看，所以这些"显眼"的关键词也是比较好的，记得把它们也加到关键词表里。

第二步，填写关键词的相关指数。

找到这些关键词之后，只是属于"海选"阶段，还要验证这些关键词好不好用。这就要看它们的搜索指数和月搜索量，我们还是要用到上面的两个工具。

在"巨量算数"中点击"搜索"，出现的抖音指数包括搜索指数和下拉的综合指数，只要看搜索指数就行了，它衡量的是关键词的搜索热度，选取平均值，放入关键词表。

月搜索量在"巨量千川"中可以看到，在关键词右边显示的数据就是，同样复制到关键词表中去。

第三步，搜话题词。

在"巨量算数"搜索栏旁，选择"话题选项"，再点击"搜索"，接下来的操作和搜关键词一样。比如搜索"脚手架"，下拉选项会出现很多话题的相关词，还是把它们复制到关键词表中去，然后点击"搜索"，把它们的播放量再填入关键词表。

第四步，"脑暴"，列出一些常搜关键词。

常搜关键词就是抖音用户经常搜索的词，这类词很管用，反映的是用户的搜索习惯。这些词可以尝试从两个方面进行思考：

第一个是"地域 + 产品"。如果你是做本地服务的，比如餐饮、休闲娱乐等，在设置关键词的时候，可以考虑要找到这样的服务或产品会用到哪些词。比如你在杭州，想出去吃火锅，可能会搜"杭州火锅""杭州滨江火锅店""杭州牛肉火锅"等，这些就是在主关键词前面加上地名。需要注意的是，你选择的关键词是不是用户经常叫的，不同地域之间是不是有不同的叫法，把这些词也都记下来。

第二个是"特点＋产品"。比如"性价比高的中餐厅""平价早餐店""靠谱的培训班"，哪家好吃、哪家便宜、哪家有怎样的特色，把这些特点与相对应产品的常搜关键词也都记录下来。

进行到这一步，关键词表就完成了。等到实操阶段，直接从这张表里找现成的关键词，事半功倍。

几个常见问题

第一，使用"巨量算数"输入关键词时，有时候会出现关键词未收录的画面。出现这种情况，一个原因就是提示信息说的查询词无异议、数据量不足等；还有一个原因可能是数据没有更新，它的内容不是实时更新的，所以你要隔几天看一看数据。

第二，在查找关键词的时候，可能会遇到一些带有他人品牌的标签，这个词一定不要选，即使搜索量再高也不能用。如果用了，你就是在给别人做嫁衣。

第三，如果以主营业务为核心，搜不到那么多关键词怎么办？或者搜到了，但是指数很低用不了怎么办？这个时候可以通过分析人群、动机、条件、场景这四个维度，扩充关键词。

人群是你的目标用户，动机是他们的诉求，条件是达成目的的门槛或要求，场景是实现目标的具体场合。这么说有点抽象，以我们团队自己研发的 App 为例，"谋事" App 的产品定位是帮助普通人解决干点啥的问题，因此人群中有蓝领、宝妈、大学生、公务员、销售等，动机有创业、赚钱、兼职、学习、成长等，条件有成本低、零门槛、三线城市、白手起家、碎片时间、在家就能干等，场景有餐饮、零售、直播、智能设备、实体店等。

把这些词随机组合，就能得出有效关键词，比如"宝妈0成本创业""大学生兼职推广""适合蓝领做的智能设备"等。

当然，这种方法也可能会组合出一些完全没有意义的词语，比如"0成本就能开的餐饮店""在家就能干的实体店"等，这种不符合基本常识的关键词，不管怎么吸引眼球也不要去做。

随机组合的前提条件是，你要对甲方或者自己公司的业务足够了解。虽然这些组合出来的关键词可能没有很高的热度和指数，但是贵在精准，就像一张无形的大网，只要有人搜索，就会被"捕捉"到这张巨网当中。

总结一下，想要找到关键词，先从建立关键词库开始。可以借助"巨量算法"和"巨量千川"这两个统计工具做好前期的准备工作。这一步工作做得好不好、扎不扎实，直接影响到优化效果。

接下来，我会教你如何把表格中的关键词和话题布局到账号里，就是通过调整昵称、合集、话题与标题、视频文案这几大块内容来提升权重，提升排名。

如何通过关键词提升搜索排名？

如果你是企业或商家，可以通过这个方法低成本获取精准流量；如果你是个体，也可以通过这个方法来赚取企业和商家的服务费。

修改昵称

影响搜索排名的首要因素就是昵称。在你申请完蓝 V 账号之后，抖音会自动把昵称修改成营业执照上的名字。这种默认名称需要修改，核心原则是让用户看一眼就知道你是做什么的，昵称不宜过长，建议采用以下两种形式：

一种是"公司名 + 主关键词"。比如，有的账号主关键词是"铝扣板"，用户搜"铝扣板""铝扣板吊顶""铝扣板工厂"都能搜到。按照这个方式，账号可以命名为"公司名 + 扣盘式脚手架厂家"，这样就可以尽可能地扩大搜索范围，通过不同的关键词都能找到这个账号。

另一种是"人名 + 主关键词"。比如有的账号与"财税"相关，主要分享财税方面的知识，那么这种账号的昵称形式，就是融合了主关键词"财税"加人名。

选择用哪种昵称形式，取决于你想体现公司还是打造个人 IP。具体操作可以进入个人主页，点击"修改企业资料"进行修改。修改昵称的频率是 30 天内可以修改 4 次，修改完成提交后，抖音官方会进行审核，一般24 小时内会出结果。审核的主要内容就是看昵称里的公司名和营业执照上的公司名是否一致。比如营业执照上是"阿三烧烤"，但是店铺招牌上写的是"三少烧烤"，为了方便，就把账号改为"三少烧烤"，这种情况审核是不通过的。

另外，主页封面图和介绍内容也要进行优化提升。如果是公司，可以放体现公司实力的图片，比如产品或者办公环境。如果没有精美的图片，直接放专业证书或者资质图片都可以。如果是个人，可以放自己的照片、海报。介绍内容主要是体现公司或个人的实力，说明与众不同的地方。

设计合集

合集会累计视频权重。合集可以把其中所有作品的播放量、点赞量、转发量、收藏量全部做出统计，这样合集的权重肯定就比单个视频高很多，对搜索排名的帮助也就更大。所以你要把视频归类整合成一个合集。

具体操作如下：

第一步，在电脑上登录"抖音创作服务平台"，点击左侧导航栏中的"合集管理"，然后点击"创建合集"。

第二步，输入合集标题。一定要把主关键词和长尾关键词放进去，比如主关键词是"脚手架"，合集标题就可以写"脚手架厂家生产场景"。

第三步，合集介绍。这个不影响排名，可以直接复制标题。

第四步，上传一张合集的封面图。封面也要出现主关键词，比如拍一张生产车间的照片，然后在图上写"脚手架厂家生产场景"，文字和合集标题统一就可以了；也可以用图片软件做一张图，一个简单底色加上公司名称和主营业务关键词就可以了。

第五步，点击"添加作品"。把符合关键词的作品都添加进去，点击"创建"，即可完成。

有的公司可能经营多种业务，比如除了脚手架的生产，还做一些配件的外加工。这种情况下，是不是可以把"配件加工"这个关键词也列进去呢？看上去搜索范围不是更大了吗？

注意，这是一个误解，不要把两个类目的产品放在一起，因为抖音是根据标题的关键词给你排名的。如果关键词多了，系统就不知道你到底是想要哪个排名了。

所以，你在做合集的时候，一定注意只突出一个类目、一个产品，不能随意堆叠关键词。如果还想突出其他产品，可以再建一个合集。比如你已经建了一个合集是关于脚手架的，那么就只放脚手架的内容；如果还要做一些镀锌配件的加工，可以再做一个"镀锌配件外加工场景"的合集。

另外，做合集还需要注意两点：

第一点，合集里的短视频不要带"小黄车"。

有的商家有自己的抖音小店，会在视频下方挂上"小黄车"，但是我建议不要把小黄车放到视频合集里去。因为不带"小黄车"，抖音只考核一个内容权重，就看你的视频内容好不好。如果带上了"小黄车"，这就要再考核一项电商权重，如果你的产品不好或者点击率低，那么权重和排名就低了。

第二点，不要在合集里添加无关的视频。

这和前面提到标题里不能有两个类目是一个道理，如果合集的标题是"脚手架厂家生产场景"，视频中就不要出现其他配件的生产、钢管的生产等。如果合集中出现了其他无关视频，就会对排名影响很大。因为抖音会通过文字、视频场景等判断你的视频内容是否有相关性，相关性低的话，系统就没法判断如何给你排名。所以，一个合集就放一个系列，不同的产品就多创建几个合集。

制作标题及话题叠加

关于视频标题，可以按照"给系统看的描述＋给人看的描述"的公式套用，其中 70% 是给系统看的，30% 是给人看的。因为做搜索优化主要是系统搜索的流量，而不是自然播放流量，所以系统占比要更高。

什么叫"给系统看的描述"呢？就是套用"话题 + 关键词"。你在发短视频写标题的时候，要把搜索优化的话题和关键词罗列进去（从提前建好的关键词库中直接找就可以了），标题通不通顺、吸不吸引人不重要，重要的是让抖音系统"明白"你做的是什么方面的内容，要给你分配哪些搜索词的排名。

下面介绍一下实操步骤，建议尽量用电脑操作，因为手机只能添加 5 个话题，用电脑加多少个都行。

第一步，把表格中所有的话题直接复制进去。因为话题的权重高，所以先添加话题，然后在每一个话题前面加上"#"号。

第二步，把表格中的关键词复制进去。不用在意文字是否通顺，因为这是给系统"看"的。

第三步，系统最多可以输入 500 个字符，如果完成前两步还有空余，就在话题的前面加一句给人"看"的描述，把主关键词带上。以脚手架为例，写一句"脚手架哪家强"这种描述就可以了。

完成以上三步，标题制作就完成了。如果你是做同城业务的（全国业务就不需要这一步了），接下来可以点击"添加标签"，打开点位，放上自己的店铺地址，然后点击发布即可。

注意，写给人"看"的描述是有技巧的，要根据用户的搜索习惯来。如果你是做同城业务的，就可以用一些"常搜关键词"，比如"杭州火锅哪家好吃""杭州性价比高的中餐厅""杭州有哪些平价咖啡馆"等。

视频文案和关键词植入

看到这里，你已经掌握了昵称、合集、话题与标题的操作方法，接下来就是如何制作视频了。在视频拍摄和剪辑的过程中，有一个原则就是在视频文案中加入关键词。

在视频文案中加入关键词，主要是为了让抖音系统判断你的视频是否具有相关性，这是影响抖音搜索排名最重要的因素。所以，除了标题、话题，你的视频中同样要出现关键词。

看到这儿你可能会疑惑，做排名优化也要拍视频吗？这个是肯定的。我们所说的排名优化，就是在你原来账号运营的基础上，加上搜索优化的逻辑，让你达到获得更多搜索流量的目的。如果你是一个新手，还要学一些短视频拍摄剪辑的基础知识，这里不做过多介绍。不过有几个注意点可以和你分享一下：

第一点，一条视频只体现一个关键词。

围绕这个关键词，在你拍摄的时候可以从出镜人的身份背书、行业背书、环境背书这三个维度思考视频要呈现的内容。

所谓出镜人的身份背书，比如产品的研发者、传承人或者某协会会长等；行业背书就是你的公司或产品在行业中有什么突出成绩，比如获得了什么奖项，规模前几，中国十大品牌之一或者省重点扶持企业等；环境背书除了出镜人身后的背景，还有高级的生产设备、庞大的厂房规模或者团队规模等，这些都是体现实力的元素。

第二点，视频中体现关键词。

视频中体现关键词主要在三个地方：视频前三秒出现关键词，视频封面出现关键词，视频顶部文案出现关键词。

首先，视频前三秒一定要出现主关键词。如果你的视频是以人物出镜的形式，那么人物的口播在前三秒就一定要把主关键词说出来。以"脚手架"为例，人物的第一句话可以是"你见过这样的脚手架厂家吗？"

如果视频前三秒没有人物出镜该怎么办呢？简单——只要在视频中用字幕和机器朗读的方式呈现即可。具体操作是：打开剪映App，先加入视频；然后点击下面的"文本"—"新建文本"，录入文字，比如"脚手架厂哪家强"；接着点击"花字"选择一个样式，再把这行文字放在视频下方，之后点击"文本朗读"，选择一个音色；最后根据朗读的时长调整一下文字出现的时间就可以了。

其次，视频封面要出现关键词。先点击"设置封面"，拖动选择一个封面，点击"添加文字"，输入"脚手架厂家哪家强"；然后选择一个样式，为了让文字更显眼，可以调整成两行，放大文字放置在画面中心即可；最后点击右上角"保存"。

最后，视频顶部文案出现关键词。点击"文本"—"新建文本"，输入"脚手架厂家"，选一个样式把文字放在顶部，保证不影响视频的观看即可。把文本长度拉到视频结尾，让文字在视频里全程出现。

在做视频关键词植入的时候，有人会发愁视频、封面标题，还有人物口播、视频文案该怎么写？写不出来怎么办？其实你可以去借力，找一个同行中点赞量高、播放量高的视频，借鉴他们的文案，注意不要把别人的品牌信息也抄下来。

完成以上这些布局之后，可以提升账号权重，帮助你获得更靠前的搜索排名。

获得精准评论，转化私域流量快速变现

下面我将向你介绍获得排名之后，如何获得精准评论，如何稳定排名以及将客户导入私域流量。

如何获得精准评论？

当用户搜到你的视频之后，通常会点开评论区查看，如果评论区里有精准客户的留言，并且点赞的人数也比较多，这些真实的反馈数据会增加用户对你的信任度，因此咨询的意向也更大。就像我们平时刷餐厅打卡的视频一样，大概率会选择评论数比较多且正面的。

那么如何才能增加精准评论呢？

第一种情况，如果你的视频内容质量高，自然就会收到很多真实用户的评论。

第二种情况，如果你的视频内容质量一般，又没有专业团队，就需要借助一些外力。最简单的就是找人刷评论，找一些朋友去你的视频下面留言，提一些普遍关心的产品问题，比如价格、质保、售后等，还有一些技术性的问题，然后用自己的账号进行回复。

但是，做抖音SEO是一项正式的运营工作，长期找人刷评论是不现实的。所以我推荐一种最通用的方式，就是投 DOU＋。很多人不知道 DOU＋除了能投视频播放量，还能投"点赞评论量"，增加视频的精准评论和点赞量。

在投 DOU＋时，首先要确定投放的视频、金额以及投放的时长。视频尽量选择播放量大的视频进行投放，具体投几个视频根据你的实际情况来。如果你的账号刚开始做，视频数量还很少，可以先投一次试试效果。

如果你的内容比较多，可以选择播放量大的批量投。

投放的金额在 100 ～ 300 元就可以；投放的时长经过我们的测算，3 天是最合理的。根据你投放的金额，抖音平台会预估给你多少个赞以及多少条评论。如果你投的时间短，那么抖音平台就要在短时间内完成给你的评论，精准度就没有那么高了。所以，有条件的话，尽量把投放的时间拉长一点，这样更容易获得比较精准的评论。

下面我来教你具体的操作步骤：

第一步，点开视频下面的三个点"…"，选择"上热门"，然后在顶部选择"批量投放"，可以选择 2 ～ 5 个视频。在"投放目标"中点击"点赞评论量"，"投放时长"选择 3 天，然后点击"确认"。

第二步，点击"自定义定向推荐"，这个需要你根据用户画像来选择参数，这一步的核心目的是告诉平台，你想要什么用户。比如做项目调查的账号，目标用户是想创业或兼职人群，那么你在年龄这一栏可以选择"24 ～ 30 岁""31 ～ 40 岁""41 ～ 50 岁"，地域不限，兴趣标签可以选择"商务服务"，选择"项目投资""个体创业"。

第三步，选择"达人相似"。在搜索栏中搜索关键词就可以知道很多达人，比如搜索"创业""兼职""项目"这些关键词，找到相似达人。

我们总结了几个关于选择达人的关键点：一是起号时间在一年内；二是粉丝量和自己账号差不多，如果你账号的粉丝还比较少，可以投粉丝量 1000 ～ 10000 的；三是账号活跃度高的，主要看粉丝画像精不精准，评论区意向客户多不多。这种新号通常粉丝黏性比较低，把你的视频推给这些达人的粉丝效果比较好（在投 DOU ＋之前，可以按这个标准先列出想投的相似达人，等到开始投的时候直接搜索达人的昵称就可以了）。

投完之后，如果评论和点赞增加的效果比较好，就可以继续投

100 ~ 300 元的主页浏览。为什么？你可以设想一下，当你在视频评论中看到了感兴趣的评论内容，想进一步了解店铺信息，接下来是不是会点击主页进行查看？所以这一步就是要对症下药。具体的操作步骤和上面一样，只是把"投放目标"换成"主页浏览量"就可以了，时间还是 3 天，金额根据自己的实际情况而定。

所以，投放 DOU ＋是为了增加短视频的精准评论和点赞，用户搜到视频之后，看到评论人数很多，而且内容也不错，询问的意向也会增加。

如何稳定短视频排名

当你按照前面所有的内容操作一遍之后，相信你现在已经有了一定的搜索排名。那么，如何维持这个效果呢？这个时候需要做些什么呢？

首先你要明白，排名的上下浮动是很正常的，可能你刚提升了排名，过几天就掉到后面去了，甚至视频都找不到了。碰到这种情况不用着急，刚开始做排名不稳定很正常，你需要保持长时间的维护，维护时间越久排名越稳定。

想要稳定短视频的排名，主要就是维护合集的排名和投放 DOU ＋。投放 DOU ＋前面已经介绍过了，这里重点介绍一下如何维护合集，分为三点：

第一点，有节奏地更新合集内的视频。

抖音平台从根本上是支持优质内容创作的，因此，保持一定节奏更新内容是维护排名最有效和最长久的方法之一。如果你是新手，刚开始没经验，内容创作也不多，那么可以尝试第二点。

第二点，更改合集的描述。

前面已经提到，在抖音创作服务平台中选择"合集管理"，把"合集简介"的描述增加或减少几个字就行了。你只要改了，抖音平台就会认为这是一个活跃账号，对提升合集的活跃度有非常直接和明显的效果，但缺点是不够持久。

第三点，一周之内激活视频。

你可以找朋友在一周之内，直接搜索你的短视频合集，打开里面的某一个视频去评论或者点赞。这样可以让抖音平台"看到"你的视频不断有人评论，就会判定这条内容的价值比较大，系统就会维护这个视频的排名（注意这个方法的频率通常一周进行一次就可以了）。

通过维护合集排名和投放 DOU + 可以稳定短视频排名，这个过程可能会持续 1 ~ 3 个月，时间越长排名也会越稳定。目前市场对抖音搜索真正了解的人还不多，现在抓紧时间先把排名做出来，并且做一些维护工作，等到你的排名基本稳定以后，别人想再追上来就难了。

如何导流到私域

获得稳定排名之后，就会有很多用户搜索到你的视频或者私信询问了，这个时候就到了最重要的一步，就是把这些用户导流到你的私域并准备转化变现。如果你没有加用户微信，那么这个意向客户丢失的概率就会非常高，这样就无法形成有效跟进。没有完成成交或转化，就失去了做搜索优化的意义。

需要注意一点，并不是所有的产品都要导入私域来做，有些快消产品，客单价比较低，比如咖啡、小吃等，可能用户在搜索中找到你之后，直接在橱窗完成了成交，这些品类就不再需要额外的私域导流了。而像大型企业、厂家，提供的产品比较高端，客单价也比较高，用户不会在简单浏览完视频之后就立即成交，这种情况下就需要把用户导流到私域来做转化了。

那么，如何才能把用户导流到私域呢？

在回答这个问题之前，我们不妨站在用户的角度想一想，他为什么要加你的微信呢？平时你在吃饭或者购物的时候，也会碰到商家要加你微信并把你拉进一个微信群里的情况，你的第一反应基本都是拒绝的，这种反应是正常的。但是如果他和你说，你加群以后再次光临可以打折，或者你对这家店感觉还不错，就可能会考虑了。

同样的道理，你也需要设置一个"钩子"让用户来添加你。这个"钩子"包括两块内容，一个是送优惠福利，一个是送相关产品或服务。

送优惠福利，比如做装修设计的，可以说加入粉丝群设计方案打9折。送相关产品，比如卖课的，可以在评论区说加入群聊免费领取课件资料。总之，保持一个原则——不管是送优惠福利还是相关产品，都尽量送与用户相关且低成本的。

设置好"钩子"之后，需要把群聊链接放在评论区。具体操作是在开通完蓝V账号之后，点击"我"回到主页，在右上角点击三条杠的图标，然后会有一个"企业服务中心"，点进去，再点击下滑选择"促营收"，找到"群聊邀请"，然后点击"新建群聊邀请"（工具名称仅自己可见，随意填写一个即可）。

"引导文案"是指在评论区引导粉丝加群的文案，可以写一句话，然后选择群聊。如果还没有群聊，可以在这个页面创建。选好之后点击"确定"，再点击左边的"预览"，就能看到实际评论区的效果了。用户打开评论区点击这一条评论就可以直接加入粉丝群。然后点击"关联视频"，选择要在评论区里添加这条群聊邀请的视频就可以了。

还有一种方式是在评论区留电话，客户点击之后可以直接电话联系你，设置方法也是在"企业服务中心"里找到"促营收"，点击"联系电话"，填写手机号，然后点击"关联到视频评论区置顶位置"，最后点击"提交"就可以了。

切记一点，用户私信你的时候，千万不要直接留下自己的联系方式，比如说"加我微信"，然后留下自己的微信或者电话号码。这样引导用户加你的联系方式，抖音可能会因此封掉你的私信功能，严重的甚至会直接封号。你可以设置一个"自动回复"，让用户留下他们的联系方式，这是平台允许的。具体操作如下：

打开"企业服务中心"，选择"促营收"，点击"私信管理"，选择"自动回复"，在这里设置让用户留下自己联系方式的一句话，比如"你好，现在咨询比较多，请留下联系方式，稍后专业工作人员会跟您取得联系"，预览看一下"自动回复"的效果，然后点击"提交"就可以了。

除了自己在评论区把用户导流到私域，其实还可以借助第三方工具。抖音有一个官方营销服务项目叫"超级管家"，用户只要有点赞、评论、私信甚至是取消点赞、取消私信的行为，都会收到一条提前设置好的私信内容。

我们都知道抖音大数据算法很厉害，用户只要点赞了一条视频，接下来就会刷到很多同类型的视频。也就是说用户点赞完你的视频之后，可能接着就会刷到你同行的视频，说不定就被同行"截和"了，所以锁定机会一定要及时出手。

前面提到的在评论区留电话邀请粉丝进群这些操作其实都是比较被动的，更多要靠用户主动来咨询，而这个功能可以让你主动找到用户，及时跟进转化。你可以提前设置好回复内容，比如"谢谢你的喜欢，视频内相关的课程资料可以赠送给你，方便的话可以留下联系方式，稍后会有专业的老师发给你"。这样用户刚看完你的视频，你就能及时给予反馈，并且给出了明确的指令，这种情况下，用户大概率会留下联系方式。

天下没有免费的午餐，这项功能也不例外是收费的（一年几千元），你可以先免费试用几天，如果对自己确实有帮助再决定购买。

完成导流私域这一步，整个抖音 SEO 优化操作就形成闭环了，可以真正帮助你实现私域转化。

这一章详细讲解了抖音搜索的排名规则，如何查找关键词，如何布局关键词获得排名，如何投放 DOU +，如何稳定视频排名以及如何导流到私域，这些就是抖音 SEO 系列课程的全部内容。

最后叮嘱大家一句，目前抖音搜索的各个赛道还处于蓝海阶段，你越早做越容易上排名。就和当年的百度 SEO 一样，随着时间的推移，竞争会越来越激烈，对内容的要求也会越来越高。如果你想做就尽早行动起来，希望你可以争取到这一波的挣钱红利。

第8章
社区团购：普通人的口碑裂变生意

楠哥有才气

　　很多人第一次知道社区团购，是在 2022 年 4 月，一张疑似风投女王徐新为团购牛奶面包到处寻找购买路径的聊天记录截图在网上流传。于是，"我的团长我的团"横空出世，社区团购也在这样的大环境下被推上了新的高度，成了全民参与的项目。

　　其实，社区团购的概念早就有了。

　　2013 年，兴盛优选在湖南成立，凭借其"预售＋自提"的商业模式，迅速在湖北、广东等十多个省市推广。最早的社区团购出现在长沙，这个"社区团购之都"无论是团队数量、订单量和站点量都遥遥领先。

　　长沙的社区团购能够发展得如火如荼，其优势都在哪里呢？

　　首先，长沙有优越的地理位置和便利的交通运输，一座城市物流的通畅是社区团购的首要保障。

　　其次，长沙有不少全国知名的生鲜水果批发市场，团长们不用为供应链发愁。

再次，长沙有着较为完善的社区商业体系，便利店、水果店、杂货店等星罗棋布，这些店主都是潜在的团长储备力量。

最后，还有十分重要的一点就是，长沙有着巨大的消费潜力，人们也都能接受新兴消费模式。

社区团购的三种模式

很多人一听说"团购"，总会不自觉地认为这就是个卖便宜货的渠道。殊不知，社区团购发展到今日，早已经历了一波又一波的细化，大致可以分为三种模式：

电商模式：大家耳熟能详的多多买菜、美团优选、淘菜菜等平台就属于这一类，又称为"资本团"。

门店团购：这类团购的发起人一般是实体店老板。

平台团购：团长通过自行链接供应链来实现平台化，从而服务一个或几个社区，最终成为团购运营的服务商。

在这三种类型的团购中，我们着重来讲讲平台团购。

在疫情最严峻的时候，居家隔离的居民们面临找物资的困境，居民们大多依靠自发团购买物资，从而解决了封控小区的补给问题。发起团购的人被称为"团长"。新闻还专门报道过一位17岁的高中生团长，他通过组建微信群的方式，与小区居民建立起了联系，然后自己去找供应蔬菜、肉、蛋、奶、海鲜等的渠道，帮助小区里600多人解决了生活需求，他被大家亲切地称为"全上海最年轻的团长"。

当然，这位年轻的团长并不是以营利为目的，小区解封后，他也就卸任了团长一职。

平台团购有什么特点？

第一，相较于其他两种模式，平台团购的门槛并不高，它是以社区居民为目标市场，通过微信建群的方式进行接龙，靠转介绍的方式实现客户数量的裂变。再者，因为是就近调货、源头直采，所以在降低采购成本的同时，也节省了物流时间。

第二，平台团购一般采取线上预售＋线下自提相结合的模式，店群合一的特点，使得团长没有店铺租金和囤货的压力，通过预购方式提前获知市场需求，调配的灵活度比较高。

第三，由于团长往往与居民生活在同一社区或比邻社区，对周边居民的生活需求和消费习惯比较了解，所以，如果说实体店的核心竞争力在于现场体验，那么，平台团购则更注重团长和用户之间的黏性和温度。

哪些人适合成为团长？

现在是分享经济时代，人人皆可成团。不过，目前社区团购的团长还是以零售店店主和宝妈为主要人群。对于店主来说，线上团购可以作为实体销售的补充，同时也便于他们及时掌握消费群体的需求，不断完善库存结构。而宝妈们每天最关心的莫过于"今天开什么团""如何找到最划算又高效的购物途径"，所以，她们既有充足的时间运营和维护社群，自身又有非常大的团购需求。

其实，成为一名团长并不难。社区团购的特点就是自发式和自组织，从联络供应商到物资运送，团长一人几乎承包了所有的工作，比如联络、运营、客服、售后等。所以，如果你有做社区团购平台的想法，不妨对自己做一个前期评估，主要围绕自身的资金情况、客户群体、交流能力、组织协调能力，以及是否有足够的耐心和责任心。这些都是非常重要的，如果你都具备了，那么我们可以好好聊聊如何成为一名合格的团长。

新手团长入门指南

如果你是一名创业者，或者你本身有工作，想将社区团购做成可持续的副业，应该怎样启动呢？

其实方式有很多，你可以采取建群接龙的方式，也可以通过某个已经发展成熟的平台，将其作为一个工具，开始自己的业务。

这里以快团团为例，给大家介绍一下如何展开团购业务。

什么是快团团？

快团团是拼多多旗下免费的微信私域社群小程序，不需要下载 App，在微信直接搜索"快团团"小程序打开就可以了。它的特点是零运营成本。简单地说就是，一人开团、千人帮卖、万人跟团，这对应的其实就是快团团中的三个身份：供货团长、帮卖团长和推荐团长。

供货团长：

一般是有实力的大团长，可以自己组建团队，做好选品、内容营销、对接发货、订单、售后服务等一系列工作。刚入门的新人不建议立刻就做供货团长，可以先做帮卖团长，等积累了一定的货源和人脉后，再组建自己的团队，成为供货团长。

帮卖团长：

快团团的帮卖系统提供了一个很强大的帮卖代理系统，如果你没有货源但有客户，那么你就可以成为帮卖团长，销售供货团长的产品赚取利润差价。通过一键转发链接，把帮卖的产品分享给社群的好友，而且不再需要跟客户讲价、咨询细节、查询物流，这些都可以由系统内客服来解决。如果想要申请成为帮卖团长，需要有帮卖邀请码，或者直接在供货团长主页申请。

帮卖佣金一般是销售该产品总利润的 20% ~ 30%。例如，某件产品利润是 100 元，佣金比例是 30%，你可以拿到的佣金是 30 元。

推荐团长：

如果你既没有货源，也没有客户资源，那么你可以帮助供货团长找到有客户的人，推荐他们成为帮卖团长，从而赚取佣金。一般来说，推荐团长的佣金为 3%，如果你推荐了一位帮卖团长，他所销售金额利润的 3% 就是你的奖励佣金。例如，帮卖团长销售了 1 万元利润，佣金就是 300 元。

如何做好帮卖团长？

很多新手团长都会选择先做帮卖团长，现在大的供货团长名单及资源已经比较公开透明了，很多地方都可以找到。当然，要想成为优质大团的帮卖团长，还是有一定的门槛的。如果你没有足够的获客能力和裂变率，就不能成为他们的帮卖团长。因为大团长并不追求全民帮卖，这也是这个行业能够持续健康发展的必要条件。所以，新手团长可以先利用好现有资源，只要保持稳步提升，有着优秀的数据，就可以去申请大团长的帮卖。

什么是现有资源呢？那就是充分依托社区资源，比如小区周边的便利店、水果店、外卖店等店铺，通过与这些店主沟通，不少商家还是比较愿意接受合作的。毕竟这种合作方式在不影响店铺主体经营项目的情况下，不仅可以补充他们销售产品的品类，还可以获得额外的收益。如果你没有时间或者是不想耗费精力去运营这些店铺，也可以推荐给供货团长，由他们去运营并维护好你所推荐的这些店铺，你则从中赚取销售分佣。

新手团长刚开始做帮卖团长的时候，最容易犯的错误就是盲目推广。因为一键帮卖太简单了，就容易看到什么团都跟着开，不分析自己的客户人群需要什么，每天在群里各种分享，最终成了人见人烦。

我们要明白，社区团购的特点之一就是因为可以提前获知客户需求，从而有着很高的灵活度，而这种需求是需要团长时时做个有心人，对自己社群的客户做好属性分类，比如美妆群体、运动群体、宝妈群体等，然后进行选品和帮卖。

有时候，团长还需要亲测，只有自己用过、体验过的产品，才能避免翻车。这也是为什么很多宝妈自己成了团长又受到信赖，因为她们自己既是团长又是消费者，而且宝妈这个天然的身份使她们能够与群里其他的宝妈打成一片，让客户有一个心理上的归属感，从而不断提升与客户间的黏性和温度。

举几个团购话术的例子：

案例 1：

姐妹们等了好久的 ×× 系列奶粉来啦！这就是我们家宝宝喝了 3 年的奶粉，也是我最信任的品牌。小规格、易储存，多囤点儿也没关系。宝宝爱喝就不会浪费，每 100 毫升含有 4 克天然蛋白，钙含量也很高。总之，跟着我冲冲冲准没错。

案例 2：

这款燕麦小饼主打低碳、低糖、低脂、高膳食纤维！如果你在减重，这个真的很适合你，姐妹们必须入手。我自己已经用它作为代餐，减重 5 斤了！

案例 3：

轻！薄！暖！时尚！炸街！去年卖爆 5 万件的羽绒服返场了，出口日本、欧美的高端品质，吊牌价 699 元。轻便舒适，可外穿，可内搭，超实用的！

团购的话术一定要看起来真实、亲切、接地气，不要转词儿，尤其是高端的词儿，而是要听起来一定要像你给自己的好姐妹推荐东西一样。

如何实现客户数裂变？

社区团购的红线始终是成本与效率，虽然这里大多是在说客户，但底层逻辑却是如何提高团购的效率。我们既要更低成本地获客，又要更低成本地完成交易，这背后都需要供应链作为支撑。所以，要实现客户的不断增加，首先要擦亮眼睛，找准供货团长和货源，尤其是要考察他们的服务、选品的品质和产品的价格；其次是通过团长的团队规模来判断是否靠谱。

快团团的客户群体可以分为基础客户和转化客户。所谓基础客户，就是直接从你这里购买商品的群体；而转化客户一般来源于基础客户的转化，他们愿意跟你做帮卖。这样就逐步把交易转到快团团这类工具上来，提高效率的同时，你也可以有精力去找新的供货商和客户。值得注意的是，传统的代理模式往往是层级式体系，下级代理的体量总是比上级代理的要小，但快团团的帮卖体系则不断实现客户裂变。有优势的货源不断发动周围的帮卖一起卖，慢慢形成一个开放的、优质的生态圈。

有了靠谱的供货源，慢慢积累客户的同时，做好售后同样重要。因为社区团购的客户关系就是靠口碑来维系的，一传十、十传百地实现裂变。一般大团长的主页都有售后联系方式，在开团前或者亲测该团的产品时，就可以在主页添加该团的售后微信，也可以进团长的帮卖群，这样一起交流、一起成长。除此之外，你还可以通过小程序的客服窗口，直接咨询对接。

另外，你要了解清楚客户的需求，帮卖团长也要有自己处理售后的能力，不能所有事情全部依赖团长。帮卖一段时间之后，你就能分辨出哪些团长售后服务比较好，之后重点帮卖售后体验比较好的团长，形成长期固定帮卖。

售后客诉问题不是等着供货团长去处理的，因为客户是你的，是需要你去对接客户并处理问题。刚开始遇到客诉，你不知道怎么处理，可以将问题转发给供货团长，按照供货团长的处理意见复制粘贴给客户。客户下完单，你就要落实每一笔订单是否按时发货，做好物流跟踪。当你提前发现问题，并为客户解决交易中可能会发生的隐患时，客户就会认为你是一个认真负责的团长，以后当他需要什么东西，可能会直接看你发布的团购信息。你能够满足需求，还能够引导对方产生新的购物需求，长期的合作关系就是这样慢慢建立起来的。

团购做的不只是供应链和信息差的生意，更重要的是口碑的生意。毕竟，这个世界不缺产品，更不缺卖产品的人，缺的始终是一个靠谱的人。

第9章
"斜杠青年"的新风口：
新手怎么做亚马逊无货源店

商业小纸条 real

　　很多人都想做"斜杠青年"，拓展副业，赚点零花钱。但是苦于找不到门路，即使找到了，但是很多副业条件都比较苛刻，不是普通人能参与的。有没有足不出户，每天也不用花很多时间，还能长期做的项目呢？

　　有，亚马逊无货源店就是这样一个项目。

　　在我们合作的社群中已经有超过 1000 名学员实现了盈利，其中一大半是宝妈，每天平均花费的时间不超过 2 小时，收益稳定。如果你想在自己主业之外拓展一个副业，或者当下很忙无法全身心投入一份全职工作，那么亚马逊无货源店实在是一个不可多得的好项目。

　　无货源还能开店？

　　无货源如何保证产品的品质？

　　在回答这些问题之前，先来了解一下什么是无货源店铺。

什么是无货源店铺？

如果你想在淘宝开一家店卖东西，但是身后没有工厂，也不想进货承担库存压货的风险，这种情况还能开店吗？

答案是可以。

你可以先去"阿里巴巴 1688"App 或官网（后文简称"1688"）上选几个热门款，然后再加价放进自己的淘宝店。等到有买家付款，再去 1688 上下单，填写买家收货信息，由 1688 的商家直接发货给买家。你全程不用囤货，也不用管理生产和发货，通过赚取差价轻松获利，这就是国内无货源电商的运作模式。

亚马逊无货源店和这种模式相似，差别在于你是在亚马逊平台上经营，把国内的商品放到一个国际电商平台上，除了赚取差价，还能赚取美元或欧元的汇率差价，利润空间更大。

由于欧美地区的整体收入水平比国内高，所以销往这些地区的商品差价可以做到更高。在国内做无货源店铺，一般售价是进货成本的 1.1 ~ 2.5 倍，比如进价 20 元，售价定为 30 元，邮费 6 元，这样利润就是 4 元，利润率是 20%。

如果是在亚马逊上做无货源店铺，进价 3 美元的商品，在亚马逊上可以卖到 10 美元，利润＝售价 10 美元－成本 3 美元－亚马逊平台抽成（10% ~ 15%）≈ 5.5 美元，利润率则能达到 5.5/3 × 100% ≈ 180%，大大高于国内无货源店的盈利水平。

阿里出走的管理者变身亿万富翁。

十年前，一位阿里的中层管理者刘总因为朋友的一句话，下定决心毅然辞职，开始做起了亚马逊跨境电商。当时的他已经在阿里干了近8年，兢兢业业熬到了中层管理的位置，这个时候辞职去亚马逊，这是常人无法理解的。而且他当时的英语水平也不行，这对于亚马逊跨国经营也是一个非常大的挑战。

如今他已经成为杭州一家市值上亿的跨境电商公司CEO。但是10年间他踩过的坑加起来损失了几千万元，至今回想起来仍是心有余悸，记忆最深的一次是在2018年。

2018年"黑五"（全称黑色星期五，指的是美国的圣诞采购日）之前，他投入500多万元开始卖瑜伽裤，打算趁"黑五"和"网一"（网上购物节）狠赚一笔，结果被同行恶意竞争，一夜之间商品全部被下架，血本无归。

后来，他在做FBA（亚马逊物流服务）的时候，想把模式做"轻"，不断铺货（开店），上架不同的商品，等有人下单了再发货，结果大获成功。

所谓"一将功成万骨枯"，就是这样一位人生赢家曾经也是"九死一生"。那么肯定有人会疑问：亚马逊无货源店究竟是不是一个好项目呢？

大浪淘沙，正是新人入驻好时节。

亚马逊无货源店并不是突然出现的新兴行业，而是已经存在很多年了，最近又开始被很多人关注，这背后的原因是什么呢？

第一个原因是平台洗牌。从2021年4月开始，国内跨境电商公司遭遇了亚马逊平台史上最严厉的一波"封号潮"，很多大卖家品牌被封号，市场出现空位。

据我们采访到的一位服装品类的分销商王总透露，之前他们团队的操作模式都是从外面直接购买店铺来运营，这样就不用去找经销商。但是随着亚马逊对账号真实性审核越来越严，之前买回来的"空户"都被刷掉了，一批所谓的品牌店全部被封。

第二个原因是"全球跨境看中国"，背靠着强大的轻工业，"中国制造"出海一直以来都有着得天独厚的优势。《亚马逊2022年度数据报告》显示，中国仍然是美国进口商品的主要来源，74%的亚马逊私人品牌的产品都来自中国。由此可见，国际市场对"中国制造"的偏好与需求依然很强烈。

第三个原因是随着全球疫情态势逐步稳定，世界各国陆续开放国门，海运、空运等物流运输成本大幅下降。比如空运，单件货物起步价从之前高峰时期的80元降到了30元，物流成本下降了很多，这也给跨境电商提供了更多的生存空间。

大卖家受挫，市场候选空位，海外市场需求依然存在且强烈，再加上货运成本降低，这就给手里有货源又想做对外贸易的渠道商和供应商提供了补位的机会。

在此之前，很多渠道商和供应商都是自己买账号来运营，有的甚至开了六七十家店铺，这种模式持续了两年多。但是现在平台政策收紧，原来的套路行不通了，这就倒逼分销商开始寻找更多真实的经销商一起运营，让更多的人在亚马逊上开店，销售他们的产品。

所以，现在对于新手卖家就是一个入驻的好时机，不过这只是占据了天时，并不代表一定会成功，关键还是要看个人的努力和才能。

有的人看到这里可能会有顾虑：亚马逊是跨境电商平台，上面都是英文，看不懂怎么办？放心，现在的网页都可以一键翻译成中文（点击鼠标右键，选择"翻译成中文"或者点击右上角搜索栏旁边的下拉按钮，选择中文），技术发展到今天，语言不通已经不再成为跨境贸易"卡脖子"的问题了。

做无货源店能赚多少钱？

说赚钱之前，先来聊聊前期需要投入多少。

一般会有 3 笔投入：

第一笔是店租，每个月 39.99 美元，折合人民币大约 270 元。

第二笔是系统使用费，上架新品的过程中需要用到一个系统工具，帮助你一键上架或下架商品。这个系统的收费模式有两种：一种是一次性采购，价格在几千上万不等；另一种模式是按月收费，比如商品销往一个国家 10 元 / 月，销往两个国家 20 元 / 月，以此类推。

第三笔是商品的成本。你在上架渠道商的商品时是不需要付费的，等到客户下单以后有的渠道商就要先付款再发货，这个时候你就要先垫付货款了，等到客户付款的时候，这笔钱会直接进入你的亚马逊账户。如果发生退货，有的渠道商会包售后，他们会在收到退货的商品后把货款退给你；但有的渠道商不包售后，除非货品损坏，其他问题均不负责。

如果商品成本不计入的话，开一个亚马逊店前期投入在 300 元左右，这个成本大部分人都能接受，所以进场门槛并不高。

接下来看看这个行业的真实从业者的采访情况，看看收益有多少。

受访者 1：经营亚马逊店，全职 2 年。

我们采访到一位经营亚马逊店全职 2 年的从业人员，根据他的口述，他的亚马逊店铺每销售一单，利润大约是 50 元，每天少则 10 单，多则几十单，平均算下来每天的收益有 500 元，一个月的收入能达到 15000 元。

受访者 2：经营淘宝店，兼职 3 个月。

这位受访者经营的是淘宝店，兼职了 3 个月。最开始他从一家店做起，等出单后，又找亲戚办理营业执照，现在开了 5 家店。开店第一个月出了 2 单，赚了 400 多元，付完 300 元的店租，当月赚了 100 多元。现在 5 家店中有 3 家是盈利的，1 家还没有出单，1 家盈亏平衡。整体算下来，一个月收入 2000 多元。

受访者 3：快消品渠道商。

这位受访者是一位快消品渠道商，单店收益每个月在 2000 ~ 3000 元（接受我们采访时，他刚开的一家新店月销售额 2200 元，收益有 1000 多元）；做得好的单店每月销售额能过万，收益差不多 6000 元。如果你是新人，每个月收益会偏少，大概在 1000 ~ 2000 元。

由此可见，如果找到合适的供应商，普通人也能从中获得不错的收益。

新手如何经营无货源店？

找到合适的渠道商

就像前面说的，新人想要尝试亚马逊无货源店，找到合适的渠道商是关键。比如我们给自己的客户推荐了一个女装品类的渠道商，选择它的原因有以下三点：

第一，货源。

该渠道商能链接到某个 S 开头的服装品牌的同源服装，它是中国跨境电商巨头，主要经营女装，在美国快时尚市场份额占比近 30%，它还有一个别称"服装界拼多多"（以平价实惠、款式多、上新快为特点，每日上新 6000 件）。其中有三个好处：

其一，保障货源充足，更新速度快。其二，亚马逊平台的流量分发逻辑比较特殊，对新店扶持力度比较大，每上架一件商品，平台会推送10 ~ 20 个流量，上架越多，流量越多。其三，亚马逊店铺内的商品数量不设上限，一个店铺理论上可以上架成千上万件商品，只要卖家能够保持上新频率和数量，就有出单机会。另外，货源充足就能尽量降低分销商撞款的概率，这样被封店的概率就小。

第二，收费模式。

前面提到了商品上架或下架需要用到一套系统，服务费一次性支付成本太高；而按月收费，前期投入成本会比较低。比如上文说的那个渠道商，目前可以连接到 13 个站点，全部开通一个月的费用也就 130 元。

第三，售后服务。

据报道，2022 年下半年在网上购买女装的消费者，有近 2/3 的人至少退过 1 次货。由此可见，线上销售的退货率还是很高的。前面也提到过如果渠道商不包售后，货品一旦出现退货，这个损失就由卖家自己承担。如果渠道商包退换货，商品退回仓库之后扣除运费，剩下的货款在系统上原路退还，这样就减轻了卖家的运营风险。

货源有品质，收费也合理，售后有保障，这就是衡量渠道商的三个维度。

找到渠道商之后，接下来该怎么做呢？

首先是注册一家亚马逊店铺，然后上架商品（根据软件提示输入数量，勾选参数，填入关键词等信息，系统会自动检查，通过后就可以上架）。上架完成后，每天要关注订单信息，看看有没有人下单或退换货。

关于售后客服的问题，亚马逊的售后客服和京东的比较像，当客户出现售后服务需求的时候，亚马逊的官方客服会先和客户沟通、协调、处理问题，如果解决不了再转交给卖家对接。这个时候靠谱渠道商的价值就体现出来了，他们会协助你解决问题，有的会编辑好客服文案发给你，甚至会在后台直接回复客户。这一套流程下来，客户的问题基本都能解决，还能减轻卖家的客服压力，这也是亚马逊平台对于卖家的一种优势服务。

总的来说，新手从业者主要负责的就是商品上架和订单管理，商品库和上架操作都是在同一个中文软件上，操作简单，流程清晰。出单之后，系统会自动安排商家发货，售后服务亚马逊平台官方客服和渠道商会帮助解决。所以，新手只要一台电脑就能完成所有环节。

新手如何开第一家店？

看到这里，你肯定已经按捺不住内心的冲动跃跃欲试了，那么如何开第一家店呢？

亚马逊平台注册开店的流程主要分 4 步：准备资料—选择站点—注册账户—资质验证审核，具体操作如下。

第一步，准备资料。

如果对平台规则不了解，自己申请注册亚马逊的通过率不到 30%，主要问题就出在准备资料上。亚马逊作为一个海外平台，审核机制和国内不同，如果你提交的资料出现错误，一旦被拒绝是找不到人工客服的，只能通过邮件来申诉，但是成功的概率也非常低。几个来回下来，这一套注册资料（比如营业执照）基本就作废了，无法再注册亚马逊店铺。

一般情况下，注册店铺需要营业执照、手机号码、身份证、信用卡、第三方账户、邮箱、收件地址和一个固定网络。需要强调的一点是，你准备的所有资料都要是全新的，没有注册过亚马逊买家或卖家账户，如果有一样是在亚马逊平台上使用过的，都会导致注册失败。

亚马逊关于经营范围没有特别多的限制，申请营业执照个体户或者公司都可以，只要选择带物流网销售、电子商务类就行。营业执照的申请周期为1周左右，自己办理是免费的。如果你怕麻烦，可以找代办机构办理，收费在100 ~ 500元。

手机号码最好是运营者自己的手机号，方便注册时收取验证码。另外也会涉及账户安全问题，因为信用卡和银行账户都需要和手机号绑定，这一点需要注意（再次强调，手机号也不能是之前注册过亚马逊买家或卖家账号的，如果忘记是否注册过，可以多准备一个手机号码）。

身份证不用多说，就是法人自己的身份证，只要在有效期内就可以。

因为亚马逊平台涉及国内外两个业务，所以需要准备一张双币信用卡（带"VISA"或"Master"标识），用来支付亚马逊的店租和其他开支。尽量找大银行办理，安全性更高，也可以去银行窗口办理或者下载手机App。

收款账户很好理解，但需要注意的是，亚马逊平台上收到的可能是外币，需要兑换成人民币。兑换有两种途径，第一个是用官方提供的"亚马逊收款"，钱直接打进你的银行卡，不过汇率相对较高；第二个也是大多数人采用的，就是找一个第三方收款平台，钱先汇入这个"中转站"，然后换算成人民币再打到你国内的账户上，这样手续费更低。这类平台亚马逊官方推荐的有23个，挑选的时候关注一下手续费率和到款周期。

现在很多国人日常生活中没有使用邮箱的习惯，但是在亚马逊，邮箱是一个非常重要的沟通工具，很多通知都是通过邮箱发给卖家的。所以，我建议你重新注册一个邮箱，QQ、163 或者 Outlook 都可以，要记好密码。

还有两个容易被忽视的就是地址信息和固定网络。在亚马逊上填写的地址是很重要的，因为等你注册店铺之后，亚马逊会对地址进行验证，你提供的地址必须是一个真实的能收到快递的固定地址。另外，店铺的运营需要用固定的网络，如果频繁使用不同的网络操作卖家后台，容易被判定违规。如果外出，尽量用手机流量进行操作。

注册过程中有很多内容要填写，尤其是数字和字母，很容易出现错漏。而亚马逊的注册过程是不可逆的，无法返回上一步，所以最好事先把需要填写的内容整理成文档，在填写的时候直接复制粘贴，这样效率和正确率都能得到保障。

以上资料全部准备齐全，等营业执照出来后，需要再去"企信网"上确认一下。如果显示营业执照上登记的公司处于存续状态，说明已经成功，这个时候就可以去亚马逊平台注册店铺了。

第二步，选择站点。

在注册店铺之前，需要先确定站点，也就是你想要把货卖到哪里。目前，亚马逊全球对中国卖家开放了 8 个海外站点，覆盖 17 个国家。选择哪个站点，其中也有很多学问。

北美站门槛低、市场占有率高，但竞争激烈；欧洲站有钱、利润高，但是注册麻烦，政治因素影响大（比如英国脱欧导致欧元暴跌），税收也高；日本站虽然小，但是也有机会，发展潜力大。

新手卖家通常是先从北美站做起，有经验了再扩张。需要注意的是，你销售的产品可能也会对站点的选择产生影响，这个可以提前咨询渠道商。

站点选择好之后，就可以正式注册店铺了。

第三步，注册账户。

注册入口有两个，一个是亚马逊卖家中心官网，另一个是微信服务号——亚马逊全球开店服务号。我推荐后者。通过服务号注册要先填"潜在卖家信息登记表"，然后等待工作人员联系才能继续注册店铺，这个过程时间比较久。你可以添加小助手企业微信，小助手会建一个注册群，你可以随时在群里提问。

具体操作步骤是在微信搜索"亚马逊全球服务号"，点击右上角"关注"，进入后点击底部菜单栏的"新手入门"，再点击"开店步骤"，长按扫码添加小助手企业微信。小助手会在 2 个工作日内邀请你进群，群内都是近期准备开店的卖家。

同时，小助手会给你发一个《新卖家入驻意向登记表》链接，等营业执照下来后再点击进去填写。提交后 7 天左右，亚马逊账户经理会通过电话或者邮件联系你，所以前面提到了邮箱的重要性，一定要经常关注邮箱。有时这类邮件会被邮箱系统错认为"垃圾邮件"，所以在查看邮箱的时候，还要经常看一看"垃圾箱"，防止遗漏重要信息。如果超过 7 天还没有收到消息，可以联系咨询小助手。

账户经理和你取得联系之后，会给你提供注册入口，根据要求依次填写企业信息、卖家个人信息、存款账户和信用卡信息、店铺信息并提交身份验证等。

注意，注册过程不可逆，比如你在填写卖家信息的时候想起前面一个经营地址写错了，这个时候是不能返回上一页修改的。所以在每次切换到下一页之前，一定要仔细核对检查信息是否有错漏。

如果在填写资料的过程中遇到不会填的问题，可以先关闭页面，等弄清楚之后再打开继续填写，填写的位置是你上一次停止的地方，而不是从头再来。

第四步，资质验证审核。

资质验证审核形式分为三种，会随机出现。

第一种是视频审核，也就是跟亚马逊工作人员进行视频通话。

第二种是视频审核＋地址审核。除了跟亚马逊工作人员视频验证材料之外，亚马逊还会给你寄一张包含验证码的明信片，你需要把这个验证码填写到注册网站上，才算完成整个验证审核流程。

第三种是身份审核。整个过程线上完成，也就是审核你注册时提交的资料和信息，审核期一般需要 2 个工作日，审核结果会通过邮件告知。如果审核通过，就可以运营店铺了；如果审核不通过，由于个人不熟悉亚马逊的审核机制，很难处理应对，建议找渠道商工作人员协助解决。

注册过程中常见的问题：

（1）两个注册入口是不是都可以用？

答案是都可以。需要注意的是，如果你先是通过官网注册，然后再去微信填写《潜在卖家信息登记表》，这样账户经理是不会联系你的。通常我们会建议大家通过添加小助手企业微信来注册。

（2）要求上传产品图，但还没有产品怎么办？

如果你已经有确定的渠道商，就找他要产品图。如果没有，可以上网搜索下载你打算售卖的商品图，注意不要找大品牌的图片，上传前也要检查一遍图片，不要出现品牌名称和 LOGO。

（3）品牌性质怎么选？

如果商品的品牌归你所有（在工商局注册的商标），那就选"品牌所有者"；如果你是品牌的零售商，比如"老北京布鞋"，那么你要有老北京布鞋的品牌授权书，具备这个条件就选"授权经销商"。如果以上两点都不满足，就选"尚未注册商标"。

（4）视频验证的人是中国人还是外国人，对方会问什么问题？

验证人是中国人，一般不会问刁钻的问题，主要就是验证你的资料、身份证和营业执照等信息。你需要提前把相关证件和资料准备好，然后根据对方的要求操作即可。

（5）开店要花多少钱？

自己办理营业执照不要钱，如果找代办机构一般收取 100 ~ 500 元，亚马逊每个月店租是 39.99 美元。

（6）注册店铺整个流程需要多长时间？

一般 1 个月左右。办理营业执照需要大约 1 周，店铺注册和审核 1 ~ 2 周，新店开张前期冷启动期 1 个月左右。

这里提供一个信息点，亚马逊全年有 2 个消费高峰期，一个是 7 月中旬亚马逊独有的电商大节 Prime Day，一个是 10 月中下旬到次年 1 月初（年末节庆集中）。如果你打算注册亚马逊店，可以合理规划时间，在这两个消费高峰期之前完成所有的准备工作，借势乘上消费高峰的"东风"。

（7）一个人可以开几家店？

一个法人只能注册一个店铺，如果要开多家，需要不同的法人和营业执照，而且营业执照上的地址不能是同一个，法人身份证上的地址也不能是同一个。比如，你在外面租房住，但是户口所在地和父母还是在一起，如果你想拿父母的身份证再去办一个营业执照，这是行不通的。

手把手教你熟悉亚马逊后台

前面介绍了亚马逊无货源店这门生意好不好，新人如何开第一家店，接下来重点介绍实操干货，手把手教你熟悉亚马逊后台。让你知道在哪儿进行发货设置，在哪儿查看订单详情，如何对自己店铺进行数据分析。

认识后台：

（1）发货设置。

浏览器打开亚马逊网址导航，点击"美国后台"进行登录，输入账号、密码，就可以登录自己的卖家后台页面。

如果你是新手，第一次登录后台，第一步就是要进行发货设置，根据网页提示按步骤依次操作。

（2）客户消息查看。

了解发货设置之后，再来看一下整体页面，页面看起来很复杂，但日常需要看的就是买家消息、订单管理和数据报告。

买家消息会很明显地显示在首页，如果有新消息，数字就会变化，点击进去就可以看到买家的留言消息。如果买家发来的消息你清楚，可以自己回复；如果超出你的认知，可以截图发给渠道商，由他们来解答。

（3）客户订单处理。

点击页面上方"订单"，然后选择"管理订单"，可以查看所有订单状态（未发货订单、取消订单、退货订单都会显示）。

如果有退货、取消订单的情况，要及时通知渠道商，因为渠道商通过ERP系统（企业资源计划系统，用于库存管理）只能看到下单的信息，退货和取消订单的信息是看不到的。如果有买家下了单没过多久又取消订单，你又没有及时通知渠道商，等商品发出去之后再退货，这个时候你就要承担退货的运费了。很多渠道商上午会处理货物，然后陆续发货，所以你每天最好是上午查看一下订单信息，有情况及时反馈，从而避免不必要的损失。

渠道商发货之后，你可以在 ERP 系统上看到快递单号和快递公司信息，然后根据系统提示填写快递单号和承运人。承运人就是快递公司，下拉菜单选择即可，一般是 USPS（美国邮政署），如果找不到 USPS，可以下拉到底部选择"其他"，然后填入快递公司的名称即可。最后一步就是点击"确认发货"。

（4）数据查看与分析。

学会查看数据和分析数据，可以更了解客户的消费心理和存在的问题，帮助你更好地运营店铺。查看数据可以点击"数据报告"，选择"业务报告"，可以查看商品每天的客流量、转化率、订单数、订单金额等信息。

需要重点关注的是详情页面销售和客流量，点击下拉菜单可以看到销量和客流量的表格，点击查看"SKU 绩效"可以查看单个商品的数据。除此以外，还要关注"会话次数"和页面浏览量。

会话次数不是指买家给你发了多少次消息，而是指 24 小时内浏览过这个商品详情页面的买家数（同一个买家无论点击多少次都只算一次）。

页面浏览量指的是一定时间内这个商品详情页面的总浏览次数，这个是可以单人累加的，比如同一个卖家点了 10 次，浏览量就是 10 次。

会话次数和页面浏览量这两个数据如果高，说明买家的关注度高，意味着这些商品是一个"潜力股"，你就可以将这样的商品做进一步优化，比如标题和描述内容，从而进一步提升销量。

除了查看单个商品数据，点击"返回日期报告"，还可以按日期查看销量与流量。另外，还需要重点关注"页面浏览量总计"，这个数据可以给你后续的选品提供数据支持。比如夏季快到的时候，你上了一批裙子，当天的浏览总量很高，说明这段时间关注裙子的人多了，裙子的销售旺季可能到了，后面就可以再上更多件裙子。

新手卖家的心态建设：

新手刚开始做，店铺的数据可能不好看，没什么销量，这是很正常的。做亚马逊无货源店是一个长线的事情，前期一到两个月基本都是产品上架堆量的过程，这个时候心态很重要。

你要明白风险和回报是成正比的，亚马逊无货源店这个项目风险小，回报周期也就相对较长。所以前期不出单也不要气馁，持续上新，保持店铺流量，经过前期的积累，一旦开始出单，情况就会好转，销量就会稳步上升。

合格的卖家每天需要做什么？

很多新手卖家刚开始做亚马逊无货源店的时候会不知所措，不知道每天应该做些什么，这里给你梳理一个简单的工作流程：

首先，要查看有没有买家给你发消息。如果有，就做相应的回复，维护买家对你的好感度。

其次，查看业务报告，数据中有你想要的运营参考信息，根据数据分析决定后续上架的商品类别以及标题和内容优化对象。

最后，查看订单。遇到新的单子、客户取消订单或者退货的情况，及时联系渠道商进行处理。

以上三件事，每天坚持做就够了。

如何提升销量

看完前面介绍的内容，相信你对亚马逊无货源店这个项目已经有了一个全面的认知，要开一家亚马逊店也不在话下了。接下来就是所有人最关心的问题——如何提升销量？

下面就从实操层面来介绍具体的方法：

标题优化，提升搜索量。

通常情况下，一个买家到亚马逊上买东西，在此之前他已经想好了要买什么商品。他的操作步骤是打开亚马逊官网搜索商品名称或者品牌等信息，接着在搜索结果中挑选感兴趣的商品，然后点击进入网页查看详情，最终确定商品下单付款。

在这个过程中，有两个环节很关键：一个是买家搜索的时候，你的商品能不能出现在搜索结果中，并且相对位置靠前；另一个是商品的图片和标题能不能吸引他点进来进一步了解。不管是为了增加曝光度还是吸引潜在买家点击浏览，标题都起到了至关重要的作用。

同样的商品，出现在搜索结果的第 1 页和第 25 页，显然是排名靠前的成交率更高。一个好的标题能让你的商品在搜索排名中更靠前，让买家一眼就能知道你销售的是什么商品、有什么特点，这会直接影响点击率，因此标题也是提升销量的重要因素。

看到这里，对亚马逊系统有一些了解的人可能会产生疑问：信息都是从 ERP 上同步过去的，为什么不在创建库存的时候就做好优化呢？这在理论上是可以，但实际情况很难做到。ERP 上每天上新量可能是8000 ~ 10000 款，这些商品标题是系统根据一定规则抓取信息生成的，无法实现精准化，如果想优化标题，目前只能通过人工进行优化。

批量优化标题，提升曝光量。

先来看一个标题——"女式花卉束带挂脖连衣裙"，这个标题中包含了两个信息，首先这是个什么商品（连衣裙），其次这是一件什么样的连衣裙（商品描述：女式花卉束带挂脖）。

需要优化的就是商品描述。从这个例子可以看出，商品描述都是由一个个单词或词组组成的，优化就是在原来的基础上，增加或替换一些搜索量大、更精准的商品描述词，这类词一般被称为"关键词"。

所谓搜索量大，就是指这个关键词是买家在购买这类产品时经常会用到的，这个优化可以在商品上架时批量操作（在 ERP 上标题前缀的位置，输入新的关键词，这些关键词就会批量添加到这次上新的所有商品标题前）。

具体如何操作呢？接着往下看：

（1）利用工具找到高搜索量关键词。

首先在谷歌浏览器上打开 http://www.amz123.com/usatopkeywords.htm（或者直接打开 AMZ123 网站，点击左边的"关键词"标签，找到"美亚热搜词"），将会显示亚马逊美国站点的搜索词排行榜（每周更新一次）。

进入网站第一步就是切换站点，系统默认的是美国站，如果要找其他国家要先切换站点。

然后就是从排行榜上找出相关的热搜词，在 ERP 选好品类之后，在搜索框里输入相关词语。比如你要上架的是一批短袖上衣，如果是女装就输入 women，如果是男装就输入 men，再点击查询。网页内容默认都是英文，如果看不懂，可以在网页空白处点击右键，选择"翻译成中文"，即可切换成中文页面。

（2）查看匹配度，替换关键词。

在查询结果中找出符合自己商品的关键词，点击跳转到新的网页，就是这个词在亚马逊网站上的搜索界面。接下来对比一下不同关键词搜索界面上的商品图，与你准备上架的是不是同一类。可以多看几个，选择一个最接近的。

选好以后，把这个关键词复制粘贴到 ERP 标题前缀的位置，同步粘贴到搜索热词的位置，也能给引流做一些贡献。最后点击"确定"按钮，就完成了批量优化商品标题的操作。接着按照正常的上架流程操作就可以了。

精细优化标题，提升转化。

关键词优化的第二个方向就是精准。关键词有搜索量，并不一定就能让你的商品在各个关键词搜索结果中靠前。

比如现在搜"女式连衣裙"，结果显示有超过 70000 件商品，排名靠前的几个商品，都是有成千上万条评分记录的，这些都是大卖家。新店权重很低，根本不具备实力正面较量，那么新店脱颖而出的机会在哪儿呢？

当你自己在淘宝上购物的时候，假设你确定想买一件男士速干短袖，你在搜索栏输入"男""短袖"，这时候出来的都是五花八门的男士短袖，你几乎找不到自己的目标款。于是你就会继续增加关键词，比如"速干"，搜索结果里大概率会有你想要的款式。而所谓的精细优化，就是把买家可能感兴趣的信息提取出来，放进标题里。

这样做有 3 个好处：第一，买家搜索的词和标题重合度越高，你的商品就越有机会出现在搜索结果的前几页。第二，标题中的某个点让买家产生了兴趣，比如花纹、材质、款式等信息，买家就会直接点击进去查看详情，点击率提高了，转化率提高的概率自然就高了。第三，方便买家快速获取精准信息。大部分人都没有耐心把自己不是特别关注的详情页从头到尾看一遍的，特别是部分美国人在买东西的时候比较"懒"，看了主图和标题之后，如果觉得价格合适就直接下单了。所以，这个时候标题的重要性不言自明。

那么，具体如何操作呢？继续往下看。

（1）利用数据报告找准优化对象。

不同的商品细节也是不同的，所以没办法进行批量优化处理，只能单独做针对性的精细优化。但是库存里的商品太多，全部优化也不现实。所以优化之前要先筛选一遍，找出那些出单概率高的商品。

来看两类商品：

A. 价格高的商品

B. 会话次数和页面浏览量高的商品

你觉得哪类商品潜力更大？

正确答案是 B，会话次数和页面浏览量高说明受到的关注多，有更多的人对这个商品有兴趣。要了解这两个数据，可以借助卖家后台的销售和流量报告。

打开亚马逊卖家后台，选择数据报告，在下拉菜单里选择"业务报告"，然后点击页面左侧商品详情页面销售和流量。为了方便查看，点击"会话次数合计"这个标签，让数据递减排序，排名靠前的商品就是优化的对象。

选中要优化的商品后，复制它的身份证 ASIN（字母和数字组合），然后不要关网页，重新开一个网页，依旧打开卖家后台，找到管理库存，把 ASIN 粘贴到搜索框，搜索出这个商品。然后点击"编辑"按钮，在产品识别里第一行就是产品名称，后续就是在这里编辑修改内容。

（2）参考商品详情找出组合词。

明确了优化对象和编辑位置后，下一步就是找到有效的标题关键词，关键词一般分为两类：

第一类对应的是一些直观的、看得见的、摸得着的因素。比如，材质（纯棉、雪纺等）或款式特征（长袖、系腰带等），买家看一眼标题就知道是什么商品，有什么特点。

这类关键词可以在商品详情页上找到（进入管理库存页面，点击ASIN即可进入商品详情页）。如果看不懂英文可以复制粘贴到百度翻译或者有道词典等翻译网站上进行翻译，主要了解一下产品的材质和特点。比如服装可以把"勺形领""修身版型""高弹力"这几个特点加到标题里（把与中文对应的英文翻译出来再复制粘贴，一般 2 ~ 3 个点就够了）。

第二类是在竞品中找到的组合词。一种情况是可以从搜索区找。打开亚马逊买家页面，在搜索框中输入标题前缀，按一下空格键，下面会出现很多相关的词汇，看看有没有合适的。另一种情况是也可以去评论区找。买家评论里提到的就是他们的关注点，进入亚马逊首页搜同款产品，找 1 ~ 2 个款式相似、评分多的商品，然后查看评论，重点关注五角星评分中出现的词，从中找出几个与你的产品相似的词。

需要注意的是，在找的过程中，千万不要把对方的品牌名也复制过来，这样就存在侵权的风险了。辨别是不是对方品牌的方法很简单，多看几个这家店的商品，如果每个标题都有的词，大概率就是品牌名称。如果还不确定，就去专利网验证一下。

进行到这一步，你手上应该已经有了 3 ~ 5 个组合词，接下来就要把这些组合词按一定规律和原标题组合在一起。

（3）合理组合关键词提升转化。

提到组合词，英文水平比较差的朋友可能就有点紧张了："英文本来就不行，现在还要组合英文词组，这道题超纲了……"

别担心，没你想的那么复杂和困难。所谓组标题，就是把你找出来的关键词排个序，不用增加任何内容。而且排序的方法我们也整理了一个公式，你照着做就可以了。以服装为例，通常的排序方法是：品牌＋性质＋加大号＋类别＋特征＋图案。

亚马逊在推广时比较重视有品牌的卖家，因为这样的店铺也会被买家认可，所以选好品牌是一个好的开始，后台设置好了以后，就不用再对这块内容做编辑了。

"性质"，是男装还是女装，这个在设置标题前缀的时候已经有了。

"加大号"比较好理解，如果你在ERP上架的就是大码服装，就体现在标题中。

"类别"要尽量细分，比如一件露脐短款上衣，就用这个类别对应的词，不要简单用"上衣"来概括。

"特征"可以包括商品的材质、领子形状、短袖长袖等信息，这些特征可以提升买家对该商品的了解。

"图案"指的是衣服是纯色的，还是带图案或者花纹的。

这些关键词没有固定的排序规则，只要把你认为买家更关注的信息点放在前面就可以了。举个例子，一件男士短袖，原来的标题是"Men's T-shirts Men Abstract Animal Print Tee（男士 T 恤，艺术动物印花）"，根据上面提到的排序方法，可以增加商品特征：圆领（Round Neck）、有弹力（Slight Stretch），这样新的标题就是"Men's T-shirts,Abstract Animal Print,Round Necke,Slight Stretch Tee（男士 T 恤，艺术动物印花，圆领，有弹力）"。

优化标题注意事项：

（1）尽量通过前5个词，表达清楚"产品是什么"和"是否组合销售"。

（2）所有单词的第一个字母要大写。

（3）标题权重按词的顺序递减，所以重要的词尽量放在前 40 个字符内（1个英文字母或1个空格都算1个字符。现在很多人习惯在手机端下单，手机端只能显示前两行标题，差不多就是40个字符）。

（4）标题长度控制在80个字符以内（亚马逊对标题长度的官方建议就是80个字符）。你会发现一些大品牌的标题比较短，那是因为他们已经具备了品牌知名度，用户一般都是直接搜索他们的品牌，而不是关键词。你作为普通的卖家，是无法通过短标题来获取流量的。只有遵循亚马逊平台的规则，使用上面提到的标题优化方法，写出高质量的标题，才是获取流量的主要方式之一。

检查确定标题排好序之后，就可以点击确认键了。

想要让商品有更多的曝光量，提高转化率，主要有两大技巧：一是利用工具找准关键词，批量优化标题前缀；二是在商品出数据后，找出潜力大的，再结合商品信息、亚马逊搜索功能以及买家评论区意见，对商品标题进行针对性的优化。

新手必知：避免侵权才能走得长久

侵权——亚马逊的红线

在亚马逊平台，如果涉及侵权，将被施以"极刑"——如果店铺被投诉侵权，一旦申诉不成功，店就没了。前面提到的刘总，当年就是因为被同行举报图案侵权，结果产品被全部下架。

所以，如果你要在亚马逊经营店铺，必须对侵权相关的规定和制度有清晰的了解，否则就可能会像刘总一样，在未来的某一天功亏一篑。

在亚马逊侵权原因主要有两种情况：第一种是某个产品已经被别人注册了商标、专利，如果你不清楚这个规则或者不懂怎么排查，不小心把别人的商标、专利信息的图片、文字素材等信息放到了自己的产品页面上，就造成了侵权；第二种是当你生意做大之后，引来同行的嫉妒，结果遭到恶意投诉、抹黑。

卖家触发的侵权问题主要集中在商标、专利、版权和盗图上，下面就具体来分析和介绍一下如何避坑。

1. 商标侵权。

商标侵权有两种情况：一种是跟卖。这是亚马逊特有的机制。比如你在亚马逊上看到一个产品，你发现自己也可以联系到货源，那么就可以把自己的产品挂在别人已经创建的产品链接下面，价格和数量都可以自由设定。这种情况下，如果对方没有注册商标，就完全没有问题，而且这也是平台支持的机制。但是，如果对方注册了商标，并且把商标写在了产品页里或者印在了产品和包装上，你没有发现就直接使用了，这就造成了侵权。

另一种情况会发生在产品介绍里。比如你在上架产品的时候，复制了别人的产品介绍，如果其中出现了别人的商标，这也会被判定为商标侵权。

2. 专利侵权。

专利侵权这个其实不好判断，如果没有专业背景或者对自己从事的这个领域足够了解，很难知晓，可能直到被人举报才能发现。

3. 版权侵权。

如果你销售的产品上面印有别人已经注册版权的图案，比如 T 恤上的图案，这就构成了版权侵权。

4. 盗图。

只要不是你自己拍摄的图片，无论这张图片来自哪儿，只要原作者发现你在使用他的图片并且投诉你，这就属于盗图行为。我们经常会遇到的一种情况是跟同类产品做对比，会放一个对比图，其中就可能用的是别人的图片。一旦被竞争对手发现并举报，这个产品的链接可能就会被下架。

如何提前发现侵权问题？

如果你选品时选中了一款产品，想知道它是否有侵权风险，有没有比较简单的方法来判断呢？

答案是有的。

我们联系到深圳某大卖公司亚马逊运营朱先生，他做跨境贸易已经有 5 年经验了，他给出了 2 条建议：

第一个建议是可以通过各种商标、专利网站查询该商品是否存在侵权问题；

第二个建议是向渠道商详细地问清楚，要打破砂锅问到底，不要怕麻烦或者怕对方不耐烦。

这里要重点了解两个问题：

第一个问题：产品怎么来的。如果对方说这个产品市场比较火，自己买的公模（没有专利的模具）生产的，或者说是自己原创设计的，这种情况一般是比较安全的。如果商家含糊其词，顾左右而言他，这种时候就要警惕了。

第二个问题：有无产品的专利。一定要在当地有专利才可以安全销售，比如某个产品在中国有专利，在其他地区却被别人注册了，这种情况也会有侵权的问题。

如何规避侵权风险？

我们采访到一位拥有 5 年经验的快消服装分销商王总，根据王总的描述，他的产品都是"白牌"服装（没有牌子的服装），每天要设计很多个款式，所以难免会出现一些侵权问题。针对这个问题，他们在选品、商品信息处理以及售后等方面做了处理，尽量让出现侵权的概率降到最低。

首先是选品，他们选的都是尺寸和颜色变化多、产品更新速度快的服装类目。在 ERP 系统上的产品信息，有专门人员进行过滤处理，所以分销商同步到自己店铺的信息是相对安全的。如果产品还是出现侵权问题，他们会协助处理。如果解决不了，卖家的损失由他们来承担。

所以，你在找渠道商的时候，可以问对方在避免侵权这个问题上会做哪些规避措施，万一出现了侵权问题，是否会提供相应的帮助或保障。

总之，在亚马逊运营店铺，侵权问题是红线。一旦侵权行为坐实并被举报，会很麻烦，严重影响后续的经营。因此，一定要提高警惕，提前发现侵权的潜在危险，在产品品类、渠道商的选择和详情页的筛查处理等各方面都要把好关。

新手还需要了解的四大问题

新手在经营初期首先遇到的问题就是怎么选品？去哪里找渠道商？找到了又该如何筛选商品？

第一，选好的商品。

新手做无货源店，卖什么商品，需要从成本和商品在所售国家的欢迎度两个层面来思考。

成本很好理解，一个降噪耳机和一件普通女装的成本肯定不一样。如果你选择卖降噪耳机，那么前期要垫付的资金也会更多。另外电子产品容易损坏，一旦产生退货，仓储、货运以及运送过程中的损坏风险都会有问题。所以，我们建议新手刚开始不要选择成本高的类目，比如电子产品、手机配件、汽车配件等。

另外，还需要考虑的一个维度是该商品在所售国家的欢迎程度。《亚马逊 2022 年度数据报告》显示，美国亚马逊平台上最受欢迎的产品类别分别是：家居与厨房，美容与个人护理，玩具和游戏，服装，鞋子，珠宝……

确定好大的品类之后，还需要思考做哪个细分类目，你可以参考亚马逊站内榜单，一个是销量排行榜 Best Sellers List，一个是飙升榜 Movers and Shakers List。

Best Sellers List 是根据商品销量生成的最受欢迎排行榜，一个排行榜上的商品都是同一个类目。比如你要卖服装，看到这个类目的榜单上前 6 名中有 4 个都是运动服装，那么运动服就可以成为你的备选项。

Movers and Shakers List 统计了 24 小时内，各个类目下排名变动最大的

100 款商品。旁边如果显示绿色箭头，则表示这个产品人气还在上升；箭头旁边的数据代表的是人气上升指数，指数越大，说明这个产品被搜索、浏览和购买的数量就越大。你可以点进去看看这些商品的样式和价格，在选品和售价方面作一个参考。

还有一种方式对标竞争对手，也就是找其他跨境电商平台，看看它们销量好的产品，比如速卖通、虾皮、沃尔玛等。到这些平台上去看一看人气产品，找到产品页上的关键词（比如标题），然后到货源网站上去搜索对应的产品。

此外，还需要注意一点，就是有些品类的商品需要预先批准才能售卖。官方资料显示，目前官方明确列举出来的受限商品有 28 类。受限商品资料可以在亚马逊"卖家大学"官网首页，找到"概述"板块，然后找到"哪些类型的商品不能在亚马逊上发布？"这一条信息链接，点击进去如果显示的是英文网页，可以点击右上角的提示按钮，把内容切换成中文。

我们曾经采访到一位自己在线上找货源的亚马逊店主彭先生，他在经营的 1 年多时间内，因为违规被封了 5 个店铺。第一家被封是因为售卖木质小摆件属于合成木制品，需要向官方提供符合甲醛排放标准的检验证明，通过"预先批准"之后才能上架销售。由于他当时没经验，导致商品违规，又错过了申诉期，结果店铺被封。

所以，要想做成一件事是不容易的。如果你不懂如何经营亚马逊店，也没人提前教你，过程中是有很多"坑"要踩的。我们现在做的就是帮助每个想在这条赛道上闯出一片天的朋友更易成功、少走弯路。

第二，找渠道商。
渠道商其实有很多，只是很多人不知道怎么去找，尤其是新人完全不知道从哪儿下手。很多都是找身边开厂的亲戚或朋友，但是这种就如大海捞针，效率很低，即便是找到了，很多产品的品质和竞争力都不尽如人意。

如果掌握了方法，要找到好的渠道商并不难。1688 是目前做跨境选品最多的渠道，其他还有速卖通、义乌购、阿里国际等平台都是渠道商的集聚地（在 AMZ123 这个门户网站上可以找到）。

第三，筛选好的渠道商。

找渠道商，还要找到好的渠道商。货源平台上不是每一个渠道商都是靠谱的，渠道商的好坏直接影响你的运营效率，弄不好还会因此亏损。

下面就来看看和渠道商沟通中常见的几个问题：

第一个是侵权风险。前面已经介绍过了，一旦你的商品被判定侵权，轻则下架，重则被封，所以在前期沟通的过程中一定要尽可能地规避这种风险（一是不要碰存在侵权风险的商品；二是和渠道商确认好万一发生侵权问题对方会提供哪些帮助或保障）。

第二个是收款问题。有的渠道商让你绑定他们的收款账户，收到的货款直接进入对方的账户，这种模式风险很大，切记"只要关于钱的事情，永远到自己账户上是最好的"，所以不建议这样合作。

第三个是合作模式的问题。比如瞿先生所在的公司采取的是打包模式，商品加运输以及到了国外之后的配送和可能产生的退换货，他们给一个总的报价。比如一件连衣裙，他们报价 45 美元，卖家能赚 15 美元，渠道商大概有 5 美元的利润。但有的渠道商虽然提供相同的打包服务，但是在出单之后，还要收店铺抽成，这种"双收"模式无疑是给卖家增加了额外的负担，所以这样的渠道商也不建议合作。

有一点你需要明白，其实渠道商除了直接从卖家的抽成中获利，还有一种隐性的获利方式——当卖家某一个商品销售得很好，渠道商是第一时间知道的，通常他们手里有一些账号，这些通过验证的受欢迎产品，他们也可以跟风销售，效果往往都不错。

第四个是报价问题。不管是哪种模式，核心都是要判断对方报价是否合理，并不是谁最低就选谁。

对比渠道商报价，可以通过网络进行横向对比，货比三家，不要急于下单。另外，不能光看渠道商给出的明面上的报价，有的渠道商会在出单之后还要求抽成，这种抽成也要算到成本里。

除此以外，还需要关注所卖品类的商品行情价以及物流的行情价，你可以去网上查查同款。如果没有，可以找一找材质规格相似的产品进行比价，判断一下渠道商的价格有没有虚高。关于物流的费用也可以用同样的方式来咨询，比如找邮政、顺丰等公司咨询物流报价，估算物流的行情价。如果发现渠道商报价虚高，则可以和对方沟通调整价格或者终止合作，从而保障自己的利益。

第五个是售后问题。比如有两个渠道商就某一个商品报价，一个报价45美元（商品加上运输物流以及到国外以后的配送，还有可能产生的退货运费，都包了），另一个报价40美元（只提供商品和物流服务，不包售后），你会选择哪一个？

看上去第二个报价对卖家来说成本更低，但是计算成本不能只看商品进价和运输成本，还要考虑发货、退换货的海外仓储及运输回程的费用。如果商品本身价格不高，退货产生的费用可能就已经超过商品本身了，这种情况下一旦发生退换货，你就亏本了。这笔账其实是个长期与短期考虑的问题，从长期运营的角度来说，还是包售后的报价更稳妥。所以，不包售后的渠道商我们也不建议合作。

还有，在和渠道商谈合作的时候，售后这一块的内容也要把具体的细节提前谈好。比如发生货损导致退货、差评谁负责？货运时间长导致退货怎么保障？用的是大品牌的跨境物流公司还是小公司？顾客退货后怎么处理？因为对方提供的商品图片、信息问题导致封店如何处理？海关扣货怎么办？等等。不要不好意思，也不要怕惹怒对方，这是普遍都会出现的问题，先把它们放到台面上说清楚，可以避免后续很多麻烦。

第六个是货款支付周期问题。有的渠道商是出单后第一时间收款，只有付了钱他才安排发货。这就存在一个风险，你不知道对方发的货品究竟是什么、品质怎么样，一旦你付了钱，售后就不能得到很好的保障。亚马逊其实是一个"买家"平台，它非常注重买家体验，一旦有了差评，会对店铺权重产生很大影响，所以做好品控和售后服务非常关键。但是做无货源店模式，只有通过顾客收货后的反馈才能知道货品的真实情况，每出一单就付款的模式，对于货品质量的把控力度就很低。

所以，建议你找能压款的渠道商（比如确认收货后付款，最好是可以谈阶段性付款），等客户收货之后可以主动去问客户对货品的评价，顺便做一个售后回访，等顾客满意后再付款，就能尽可能保障自己的利益。

第四，申诉。

当店铺正式启动之后，在运营的过程中难免会遇到一些触碰平台规则被限制运营的情况，这个时候需要申诉。但是申诉的成功率不高，尤其是对于申诉流程不是很清楚的新人来说，如果你连续几次申诉失败，后面官方系统和客服人员可能连信息都不回复了。

除了个人申诉，你也可以找第三方来帮助你完成。他们相对专业，但是这个行业鱼龙混杂，有不少骗子，他们会拿出很多成功案例来说服你信任他们。但其实他们可能接了 100 个项目，其中只有两三个成功了，就只把成功的案例挑出来给你看，给人一种"百发百中"的错觉。要规避被骗的方法，就是资金走第三方支付平台，比如淘宝、闲鱼等，先下单，成功后再确认付款，这样就会有一个保障。尽量不要把钱在申诉之前就直接打入对方私人账户，这样就失去了"主动权"。

看到这里，有些新人可能会被这么多坑吓到，觉得这个太复杂；有些人可能直接被劝退；有些人可能懒得自己摸索，想着去找一个专门的亚马逊培训机构报个班学习一下。但是这个教学培训的水也很深，有些培训机构给你培训两天，只是讲一些很基础的内容，并没有教什么核心内容，也不会教你具体的操作方法，还收一万多元……你还没开始就损失一大笔钱，这样就更加得不偿失了。

其实，做亚马逊没你想象的那么困难，大部分情况下只要每天点击上新就可以了。但是如果你想认真做这件事并且想把它做好，就要脚踏实地地认真学习。任何一个行业想做好都不容易，学习并不一定要找第三方机构，现在网上有很多免费高效的学习途径，只要你的意愿足够强烈，可以自学很多知识。

如果你是新手，想要了解关于注册和站点近况的信息，可以关注亚马逊服务号，上面有比较详细的教程和方法。

如果你已经有一家店了，想了解卖家后台的基础操作，可以去亚马逊卖家大学，上面有你想学习了解的所有知识。

如果你现在已经有了一定的基础，想要找一些好用的工具，可以去亚马逊跨境卖家导航门户网（https://www.amz123.com/）上看看，它包含了亚马逊多国站点网站、卖家论坛、关键词工具以及商标、专利查询网站。

第 10 章
夜市摆摊：合法合规地摆摊，也是挣钱之道

商业小纸条 real

摆地摊的"前世今生"

> 走一走，看一看，走过路过，不要错过。
>
> 花小钱，买方便，省时省力又划算。
>
> 不用挑，不用找，个个都是一样好。
>
> 王中王，盖中盖，拿出哪个都不赖。
>
> ......

走在大街小巷，这些循环吆喝的小摊广告语时不时就会飘进你的耳中，撩动着你那颗想要去淘一淘、看一看的心。曾经，有人说"地摊经济是人间的烟火，是中国的生机"，从那时起，"地摊"一词开始成为热门话题，各大媒体和社交平台都涌现出许多有关"摆地摊"的新闻和攻略，各

地也都开始鼓励开放地摊经济。地摊经济几乎是瞬间成为突然爆发的新风口。

在我们的传统观念里，地摊总是与"廉价""低端"这种字眼挂钩，其实，这只是对地摊的片面认识。因此，先来了解下国内外的地摊历史和文化，对于想加入"摆地摊"的你来说，是非常有必要的。

你可能会问，地摊也有悠久的历史和文化传承吗？那是自然。发达国家的地摊不仅有历史、有传承，而且许多地摊形成了集市，已经成为当地的标志性景点。

你以为地摊经济只是低级经济，仅限于糊口而已吗？其实发达国家的地摊经济非常常见，比如英国有着一千多年历史的博罗市场，最早形成于13世纪，那里不仅是吃货们的天堂，更是无数名厨推崇备至的原材料市场。如果再往前追溯其雏形，就是11世纪时，人们自发聚集在伦敦塔桥附近的谷物、蔬菜、牲畜交易摊位。直至今日，博罗市场拥有千余个摊位，可以说是英国顶级的生鲜美食市集，摊位经营的食品大多是自家种植或者制作的，但却有资深的食品专家对来源和品质进行把关。

始于1992年的美国波特兰农贸市场最初只有13个摊位，现在已经增至200余家流动摊位，设立在波特兰州立大学的校园中，除了售卖有机农产品和自制产品外，还开设有烹饪班、儿童游乐区和乐队表演。同样依托大学举办的市集还有日本的青山农夫市集，这个位于表参道的青山学院大学与联合国大学（UNU）之间的市集，由3名80后男生负责经营，他们贯彻的理念是"生活与农园同在"。每逢周末，都会有近百农家和售卖新鲜食材加工品的厨车汇集于此。他们还会举办不定期的主题市集，比如"面包祭""冲绳特展"等各种活动，甚至还出版了名为《NORAH》的季刊杂志，足可见其规模和知名度。

中国的地摊历史可谓源远流长，就拿《清明上河图》来说，一眼望去满眼写着"热闹"二字；北宋《货郎图》所表现的，更是让人眼花缭乱的古代版"购物车"，让人由衷佩服那位货郎码货的水平之高。夜市在唐代后期的大城市中已出现，北宋年间，统治者明令允许夜市，宋太祖诏令开封府："令京城夜市至三鼓已未不得禁止。"从此，城中的夜市迅速涌现，并且非常繁荣。《东京梦华录》里记载："夜市直至三更尽，才五更又复开张。"

如今，掰掰手指头，你能说上几个国内知名夜市？南京夫子庙、杭州河坊街、武汉吉庆街、北京东华门大街、开封鼓楼街、长沙坡子街、台北士林夜市等，这些可都是摆地摊最热门的去处。在夜市里，往往能吃到最地道的本地风味美食，还能买到不少好玩的东西。

谁更适合摆摊？摊应该怎么摆才靠谱？

在着急去买一本摆摊顺口溜秘诀之前，我们需要先想到底谁更适合去摆摊。

第一类人是实体店的商家。实体店商家也被称为"坐商"，经营方式就是坐在店里等着顾客上门，开在办公区的店，一般晚上不营业。在居民区的店，一般白天人少，所以可以在自己店的人流量少的时间段去摆摊，这是对客流量的有效补充，这就是"行商"。行商也是经商的人一个常用的说法，比如保险、基金、游戏、电影、互联网等，在产品推广的时候，是需要主动出门去寻找客户的。坐商再加上行商，就等于被动加上了主动。

第二类人是毕业一时没找到工作或者突然失去工作的人。当然，这就要求你要放下所谓的面子，如果你想着就去找个看不到熟人的地方偷偷摸摸地干，你可能起步就输了。你就得去找离自己近的地方，遇到熟人更要笑脸相迎。毕竟，社会需要摆摊的人，也更需要逛街的人。

第三类人就是把摆地摊当作一种谋生之道。对于义乌小商品城和海宁皮革城的老板们、那些长期做批发生意的"老玩家"来说，它才真正算是一个风口。如果说你在这个时候灵机一动，能做出一个摆摊神器行李箱，或者做一个夜市发光的广告牌，它也算个小风口，但未必能够赚大钱。真正能够赚大钱的生意，一定有门槛。

摆摊看似简单，但是去哪儿进货呀？进什么好卖呀？地址怎么选呢？这些都是有门道的。

摆摊前的准备工作

虽说摆摊门槛比较低，又没有租金的制约，想卖啥都是自己说了算。但作为一种谋生手段，必要的前期准备工作还是需要了解一下的。

1. 考察市场。

每个城市都有一个或几个知名度高的夜市，摆地摊前，你可以先去人流量大的摊位考察下，熟悉一下周边环境、交通、摊位分布情况、货物类别、产品质量等。一般来说，热闹的夜市肯定能保证人流量，但是在薄利多销的同时，也要考虑到市场差异性，才能使自己的摊位有竞争力。

2. 准备设备。

售卖不同货物的摊位，需要准备的设备也不同。如果你要卖小吃，就要准备好简易厨车、燃气、照明设备、调料盒、一次性餐具、折叠遮阳伞、简易的桌椅板凳等。如果你要卖衣服，就要备好衣架、货架、折叠伞等。如果要卖日用品、文具、饰品，也要根据情况准备摆摊的用具，一般都要考虑到收纳、挡雨的用途。

3. 收付款。

摆摊生意好当然是值得高兴的事儿，但如果因为收付款过于密集导致有漏付，而你直到最后盘账时才发现，就太让人懊恼了。如何避免发生这样的事情呢？现在的付款的方式无外乎就两种：微信、支付宝扫码收款，或者是传统的现金支付。你可以提前准备好微信和支付宝的收款码，尽量看一下每一位顾客扫码付款后的页面。如果遇到现金付款的，最好不要随手把钱放在身边显眼的地方，以防人多的时候，被人顺手牵羊给偷走了。

4. 找好固定摊位。

同在夜市摆摊，大家都希望能选在人流量大、位置显眼的地方，可作为新手，往往很难占据有利位置。不过也不必气馁，只要能有一个固定摊位，你就已经成功了一半。刚开始摆摊儿尽量每天都提前出摊，以免被别人占了位置，同时也要与周边摆摊的摊主搞好关系，如果有卖相同商品的，尽量保持一定距离。

如何把控货源质量？

新手摆地摊，找好货源非常重要。一般有两种途径：第一种是直接找平台或厂家拿货。前文提到的 1688、京东等大企业都提供大量货源，但要从中大浪淘沙般找出适合自己的优质货源，还是需要耐心和眼力的。你可以通过阿里旺旺与厂家取得联系，或者打电话了解产品和价格。当然，最好还是能去实地考察和拿货，网络拿货虽然方便，但常常会发生视频中看着很好，实际到手却是次品的情况。实地拿货，产品质量就可以由自己把控。

另外，如何与货源方谈生意也是有技巧的。在初期广泛了解的阶段，你可以稍微包装一下自己，比如自己有多大的店面、每月的销售额有多高，这样才有可能进一步了解他们的进货价格、代理商优惠等。经过一番摸底和比较后，自己心里有了底，遇到合适的厂家，再谈进货数量和价格时，就不至于被人牵着鼻子走了。

第二种拿货渠道就是去各地批发市场淘货。这就更加考验耐心了，要一家家找产品，一家家了解价格，还要记录下厂家联系方式，便于之后沟通交流。国内最大的批发市场当然要数义乌小商品市场了，不过各大城市里也有不少小商品批发市场，这些市场的货源大部分就是来自义乌。

从批发市场拿货要注意擦亮眼睛，尤其遇到低价货更要慎重。这里有一个窍门，那就是观察老板给的货里不好卖的占比有多少。有些老板会宣称自己的货又便宜又好卖，可是真正拿到货以后，你会发现好卖的货其实很少，大部分是会砸在手里卖不出去的。另外，体积比较小的货往往是按斤称的，这类货物最好实地拿货，在旁边监督。因为老板打包时，很容易就给你掺杂进一些有质量问题的货，等货到了才发现，就为时已晚了。

如何实现利润最大化？

坊间有个说法，摆地摊的卖价是进价的 3 倍左右，这是摆地摊生意里面基本的定价原则。然而真的是这样吗？我们以玩具为例，做了一个市场调查。如果直接从玩具店拿货，虽然包装比较精美，但没有什么利润，可以直接忽略。我们打开淘宝，输入"考古玩具 武器"，果然找到很多一模一样的产品，零售价格基本在 20 块钱左右。如果按玩具店 60 元的价格卖出，单个玩具毛利是 40 元，这就符合 3 倍定价原则了。

不过，你以为这个拿货价已经很便宜了？让我们打开 1688 网站，同样输入"考古玩具 武器"，很快也找到了一模一样的产品，价格是 12 元一个，如果卖 60 元，毛利是 48 元。那么，如果去义乌小商品市场批发类似的玩具，最贵的也不超过 20 元，最低的甚至只要两三元，最高的毛利可能达到 10 倍。

至于起批量，1688 平台基本两三件就可以起批了，不过数量少的话，还要承担一笔运费。根据地方和货物数量的不同，运费在十几块钱到几十块钱。如果批发数量多一点，还能有优惠。义乌小商品市场对起批量要求更大，当然，如果没有做过地摊生意，建议你不要大批量进货，刚开始进 2000 元左右的货比较合适。

拿货注意事项：

在选择产品时，有几点是需要注意的：第一，尽量不要选稀缺产品。来逛地摊的人，以买日用品、玩具、小饰品为主，即使你有个人流量大的摊位，但人们的需求摆在那里，摊位的购买量就很难有保障。第二，要选择消费频次高且毛利率高的商品。因为这直接关系到了产品的周转性，这些都需要自己加以衡量。第三，体积和重量也是地摊选品时需要考虑的因素，尽量选择体积小、重量轻的产品。因为逛地摊不同于网购，顾客购买后要手提回家，除非你提供包邮服务。

"练摊"的技巧和话术

几点出摊有讲究

如果你是去夜市摆摊，那么夏季适合出摊的时间是下午5点到晚上11点；冬季则调整为晚上6点到9点半。晚上人流量较大，人们工作了一天，往往喜欢通过逛摊儿来放松心情，购买欲也会比较强。

如何吸引客户？

夜市摊位众多，要尽量让自己的摊位远远地就被人注意到。如果是售卖玩具的，可以在摊位上摆放一个大的玩具摆设，这样就会很醒目。还可以给自己的摊位取一个让人眼前一亮的名字，用海报或者易拉宝的形式表现出来。另外，可以录一段新鲜有趣的广告词循环播放，也能留住不少人的脚步。既然出来摆摊，最需要克服的就是自己胆怯的心理，不能抱着守株待兔的想法，而是要主动招揽顾客，积极地把自己摊位的亮点展现在顾客眼前。推销商品的时候，要面带微笑、热情大方，积极向上的态度也会感染到顾客。另外，我们还可以采取适当让利的方式，让顾客对你更加认可，时间久了，自然就有回头客。

什么都有，不如只做一类

从市场细分和专业化的角度来说，摆摊最好是只卖一类，把一类做全、做好，就胜过又杂又滥，让淘货的人眼花缭乱、晕头转向的摊位。卖女式服装就只卖女式服装，从外套到内衣，从袜子到帽子，应有尽有。换言之，你就是顾客购物的"参谋长"，他们想要的你有，他们没想到的，你也提前替他们想到了，这才算是把功夫做到家了。当然，这说的已经是规模较大、实力比较雄厚的摊位了。对于小摊位来说，可以只卖袜子、帽子，或者任意一类产品。在这一类商品里面，你有这个城市最全的货，这样你就能给顾客最大的选择空间，顾客为了节省时间和精力，就会选择来你这儿找到最适合自己的产品。

巧用心理学知识

老话说得好：不怕不卖钱，就怕货不全。当我们从新手摊主进阶为老手后，就要开始考虑如何运用规模效应为自己的摊位提高效益了。还记得前面提到的《货郎图》吗？古代精明能干的货郎可是深谙此道，把自己的货车摆得满满当当，但又不显得杂乱无章。所以，要用好规模效应的前提，就是你要对自己的货物非常熟悉，从大小、品类、特点、适合人群都要心中有数，顾客问起来要对答如流，也不能因为东西多就随意摊在顾客面前。即使是摆个小摊，也要摆出规模、摆得专业，才能吸引越来越多的顾客光顾你的摊位。

另外，有一种摆摊叫"夫妻摊"，可以说把心理学玩得溜溜的。啥意思呢？普通的夫妻摊无非是两人照看同一个摊位，一人卖货、一人收钱，可我们这里说的夫妻摊是正儿八经两个摊位，而且卖的还是同一类东西。你可能会说，这是不是傻呀？摊位费要多交一份不说，两人卖一样的东西，不就重复了吗？嘿，这里面的门道可就来了，窍门就在于价格。夫妻俩卖的东西，一个便宜、一个贵，如果你是顾客，经过比较后，自然就会选择到便宜的摊位上去买了。对了，你或许已经猜到了，这种做法就是运用了心理学中的"锚定心理"，贵的那个摊位就是用来把顾客往便宜摊位那儿引的，据说销量还真不错呢。

新手摊主问答环节

问：摆摊是哪儿都能摆的吗？我想在哪儿摆就在哪儿摆？

答：当然不是。目前只能在已经批准开放的夜市或集市摆摊，未经批准的场合与时间不能出摊。

问：想摆摊的话，需要向谁申请呢？

答：需要提前向城市管理部门提出申请，明确申请时间、地点后，要由城管、食品安全部门、消防部门等共同评估，符合要求的摊主才能出摊。

问：如果我想做餐饮类的摊位，有什么特殊要求吗？

答：除了走常规流程以外，还要到属地部门登记，办理健康证，这样才能让大家吃得放心。

问：哪里可以查到摆摊地的清单呢？

答：可以关注一些商场、商圈的公众号，以及知名夜市、市集的相关信息，会不定期发布摊主召集项目。

沉浸式体验：假如你是一名玩具摊摊主

今天，我想邀请你扮演一名玩具摊主，现在，请你开始沉浸式体验一把"摆摊的乐趣"吧。

时间：周六

地点：某商场一楼，儿童游乐区旁的玩具摊

人物：摆摊 3 年的摊主

10：00—12：00

现在是周六上午，商场刚开门，人还不是特别多。摊位其实不算大，十来平方米的样子，主要是做考古玩具的。什么是考古玩具呢？就是可以让小朋友在我的摊位里体验考古乐趣，敲敲打打、挖一挖，挖出啥就自己带走。我 3 年前来的时候，这儿还没有游乐区呢，也是我运气好，一年多前商场建了个儿童游乐区，我这儿的人气就更旺了。

不过，摊位要想吸引人，还是得自己布置下，最重要的是得有醒目标志。你看我这儿专门配了一个亚克力展示柜，摆放一些挖出来的小玩具，柜子上面就放一个比较大型的恐龙骨架摆设，小朋友远远看到就会被吸引过来了。这样大尺寸的恐龙骨架当然价格会贵一点，在淘宝上，长度 1 米左右的大概卖到七八百元，你也可以连桌子一起定制。整体一套桌椅工具加展示恐龙骨架，价格在 2000 ~ 4000 元。如果觉得就是出个摊而已，专门买个模型太贵，那也可以用 KT 板打印一张图片，打印店十几块钱就可以搞定了。

我这儿主打的是史前文明考古玩具，所以恐龙骨架的考古玩具比较多。男孩子嘛，都喜欢恐龙；女孩子就喜欢挖宝石、贝壳之类的。不过我还会同时搭配些别的玩具，仅有这两种太单调了。其实，类似的考古玩具还有很多种，还有太空考古、海洋考古、瓷器考古啥的，甚至还有盲盒考古，没有一个明确的主题，这种也挺好玩儿的。不过据我了解，批发量最大的还是恐龙和宝石这两大类。

今天不错，10点刚过就有人来玩了。虽然目前考古玩具没有统一标准，价格相差很大。我这儿还是明码标价，根据玩具的尺寸定价，大号的79元，小号的49元。如果在现场玩，我会提供挖掘工具，一般都是塑料的锤子和凿子。你看，刚刚那个小孩儿挖出两把金属枪，这算是大号的玩具。因为我是商场里的固定摊位，所以推出优惠充值卡，大的是750元10次，小的是450元10次，肯定办卡划算嘛。750元10次，然后再送1次，平均下来每玩一次差不多是68元。

13：00—17：00

其实一直有朋友问我，为啥不在商场里租个店面，这事儿我也考虑过，但后来决定还是摆这样一个摊位就挺好。我们这里的商铺，如果是热闹摊位，二三十平方米一个月就要7000元，二楼一个月也要5000元，基本上看面积大小。我的考古挖掘摊位虽然需要一定的空间来摆放桌子、椅子，让小朋友们坐下来玩，但这毕竟是个一次性玩具，挖完人就走了，座位流动性比较大。所以摆这样一个摊位，哪怕只有三五平方米都行。

如果我为此单独去租一个店面，肯定是不划算的。你去别的商场看看，类似考古挖宝的摊位，一般都没有单独店面，基本上都是玩具店或者游乐场里开辟一个小区域，不仅降低了场地租金的成本，顺便还能利用游乐场引流。

今天下午，商场外的广场上有个市集，所以外边热闹得很，主办方提前两周就在宣传了。我刷"市集帮"和"挑个市集玩"这两个公众号时就看到过，那上面经常发布市集的信息和报名方法。抖音、微博、小红书上也有，搜索"市集招募"，可以找到很多帖子，时间、地点、主题、售卖产品的类型，包括费用等信息应有尽有。这次的市集就是亲子类主题，如果想摆玩具摊的，参加这样的市集就再好不过了。除了考古玩具之外，还可以搭配一些其他热门的玩具，比如男孩子喜欢的各类枪械、机器人玩具，女孩子喜欢的拼搭类玩具等。

不过，如果是想去夜市摆玩具摊，我就不是很推荐了。一来，父母带小朋友逛夜市的情况相对比较少；二来，许多夜市设在人流量密集的街边，摊位也比较小。所以，如果想在夜市摆摊卖小孩子玩具，可以进一点考古玩具只做纯销售。

要说摆考古玩具摊，我最近突然又有一个特别的思路，那就是去博物馆附近。比如说，浙江自然博物馆每周都会举办恐龙化石挖掘的活动，单次65元，但博物馆活动毕竟参与的人数有限，而且需要提前预约。你想，小朋友们逛博物馆，看到那些巨大的恐龙骨架和标本，会有多激动。逛完出来，刚好看到你在博物馆门口摆了个摊，售卖考古挖掘玩具，他们会不会缠着爸爸妈妈立即来亲身体验一下呢？

18：00—21：00

忙了一天，晚上人就不那么多了，我也能稍微歇一会儿。我知道，你们最感兴趣的还是我摆摊到底能赚多少，是不是像网上说的能发家致富。

一般来说，摆地摊的卖价是进价的3倍左右，这是摆地摊生意里面基本的定价原则，不过最关键的还是在于你的拿货渠道。对生意人来说，当然是成本压得越低越好，但价格太低，也可能会碰到产品质量比较差的情况，所以得自己去衡量。比如说，如果你去淘宝上搜"考古玩具 武器"，就能找到很多一模一样的产品，零售价格基本在20块钱左右一个。如果按玩具店60元的价格卖出，单个玩具毛利是40元。你以为这个拿货价已经很便宜了？那你就再去批发渠道看看。在1688网站里同样输入"考古

玩具 武器"，价格是 12 元一个，按 60 元卖，毛利是 48 元。那么，如果去义乌小商品市场批发类似的玩具，最贵的也不超过 20 元，最低的甚至只要两三元，最高的毛利可能达到 10 倍。不过，到底进货价能压到多少，就靠自己跟批发商去讨价还价了。如果量大，价格当然就更优惠。

好了，时间也差不多了，今天该收摊了。一天下来还不错，有十五六个小朋友来挖宝贝，一般一个周末来三十多个孩子没问题。摆个这样的摊位，起始资金不需要很高，通过网上的批发平台一次进一两千元的货，就足够把摊子摆起来了。除了摆在商场里，也可以把摊位放在小朋友周末比较喜欢去的地方，比如博物馆门口，或者少年宫、儿童公园、动物园等。因为门槛不高，也适合做兼职，利用周末和节假日时间摆摆摊，只要地方选得好，就可以挣到一笔不错的零花钱。

第 11 章
宠物羊毛毡：居家可做，
利润率可达 100 倍

商业小纸条 real

近几年，全球经济下行，渴望在网络上寻找靠谱、稳定的兼职工作的人越来越多，不少人也给我们留言，希望我们可以调研一些居家能做的手工活兼职。

不过调研结果却让人大失所望：如今市面上的外发手工活，95% 都是以材料成本为噱头，收取押金的诈骗行为。当然，也有一些正规的外发手工活，但他们会因为运输费问题，就近派单，减少开支，这一类兼职的地域性太强，并不适合所有人。

难道就没有一个靠谱的、稳定的、在家就能参与的手工活项目吗？当然有。在经过长时间的市场调研与行业比较后，我们发现一个适合在家里完成并且有不菲利润的兼职工作：羊毛毡定制师。

有人会问：这门手艺在市场上的真实需求到底怎么样？如果市场需求真实存在，那普通人是否有机会参与其中呢？

8000 多年历史工艺，市场缺口高达 18000 人

在进入这个行业之前，我们需要对这一行业有个基本的认识。虽然羊毛毡和传统的外发材料包同属手工活，但是羊毛毡却有着相当久远的历史。

根据记载，羊毛毡是历史最古老的织品，起源于北欧。因为羊毛有保暖、防水、抗燃等特性，大多会以帽子、靴子、大衣的方式呈现，距今已有 8000 多年的历史。

和普通编制的手工艺品不一样的是，羊毛毡大多是使用专用的针重复不断地去扎羊毛团，使羊毛纤维化，整个过程不需要通过针织、缝纫等加工方式，就可以达到紧密粘连、一体成型的目的。

对这一产业有基本认知后，我们再一起看看这个行业的市场现状如何，普通人是否有必要学习技能，并加入战场，从中获得自己的劳动成果呢？

我们找到几位从事羊毛毡手工艺品生意的老师，根据他们透露：仿真宠物羊毛毡受众就是养宠一族，其中以养猫狗为最。调研机构的数据显示，截至 2020 年，国内养宠家庭达到了 9978 万户，养宠人士轻松超过 1 亿。

如此庞大的市场，自然对这一类产品需求量极大，但当我们了解到目前市场需求后，才发现远比想象中夸张。根据几位老师介绍：他们中大多数人的订单已经排到 2024 年，最夸张的甚至可以排到 2026 年！也就是说未来 4 年的订单都已经排满了！

为什么会出现这种情况？市场需求有这么夸张吗？

深入了解后，我们发现根本原因在**于庞大的市场需求却没有足够的从**

业人员满足。可以说，从业人员远远不够！

我们也请教了一位从业的老师，对方介绍：一个羊毛毡老师完成一件作品的平均工时是 4 ~ 5 天，售价大多在 1500 ~ 2000 元。排期到 2024 年年底，也就意味着一年 365 天，除去周末和节假日后剩余的 250 个工作日，一位手工艺人大概能制作 100 多个作品，年收入在 15 万 ~ 20 万元。

老师还告诉我们，每一位仿真羊毛毡从业者都会因为排期长而流失掉大部分的订单。再加上消费者的仿真需求，几乎每一笔订单都可以算是私人定制，根本没有办法机械化量产。估算下来，全国大致需要 2 万名专业的羊毛毡宠物定制手艺人，才能完全满足市场的需求。

有人会好奇了：如此巨大利润的工作，难道全国都没有 2 万名专业的手艺人吗？

说出来一个数字可能会让所有人震惊，虽然市场需求的专业人员达到 2 万，但全国目前在做并且愿意去做的，也就 2000 多人！全国一年的羊毛毡产量不会超过 5 万个，其中至少有 1 万个是卖到海外去的。

这意味着什么呢？这意味着这个高利润的行业有着 18000 人的专业人员缺口！

俗话说得好：兼听则明，偏听则暗。从专业的从业人员这里了解的信息会不会是他们刻意制造的一种虚假繁荣呢？

为了对行业有更透彻、更清晰的了解，我们决定对市场终端——客户群体进行一次调研，让我们对行业有更全面的认知。

我们采用街头随机采访的方式，对一些养宠人士进行了采访，在介绍羊毛毡的同时，询问了一下他们对于羊毛毡宠物的看法和需求。

得到的回答大多都表示，如果他们要购买定制羊毛毡宠，并不是在购买一个普通的装饰品，羊毛毡宠更多是他们情感寄托的一个载体，因此他们很愿意购买这一类的产品。不仅因为这不是流水线上那些冷冰冰的工业品，还因为是纯手工的、有温度、有寄托的产品。

一位从业的老师告诉我们，羊毛毡手工艺品的主要客户都是爱宠人士，他们因为非常爱自己的小宠物，就会想要做一个这样的羊毛毡小宠物留作纪念。也有的客户因为自家的小宠物去了喵星球或者汪星球（去世了），他们非常难过，就想要定做这样一个羊毛毡的小宠物，以寄托相思之情。

综合走访调研来看，羊毛毡定制师确实是一个市场潜力巨大的职业。

新手两个月可接单，熟手月收入轻松过万元

市场潜力与需求都巨大，相信不少人会关心收益问题：目前客单价大概多少呢？一个月的收益又有多少呢？

根据从业的老师介绍，客单价与款式以及制作难度息息相关。随后他举例：如果成品只有头的话，客单价大约在 1300 元；如果带前爪的话，客单价大约 1600 元；如果是全身的话，客单价最高可以达到 5000 元！

制作时长也有所区别，纯头款要 1 ~ 3 天，带前爪款要 2 ~ 4 天，全身款要 10 ~ 15 天。同时，不同的花色和难度，所耗的时间也会稍微有一点点不同。这位老师每个月接的订单可以达到 1 万多元。

虽然一个月可能有 1 万 ~ 2 万元的收入，但减去成本还能有多少收益呢？一些看上去制作精良的成品，原材料想必也不便宜，扣除成本的话收

益能否有 50%？

老师告诉我们，其实羊毛毡的成本并不高，因为大家都有自己的进货渠道，到手很便宜，每制作一只成品的材料差不多也才十几二十块钱。

也就是说，**成本十几二十块钱，转手就能卖到一千五百多块钱，利润率几乎达到了近 100 倍！** 简直是比奶茶店更加暴利的生意呀！

有朋友会说：这些老师都已经是熟手了，对新入行的人来说并没有参考价值。新手收益会不会低很多呢？

对于这个问题，老师们表示不需要担心，虽然新手确实需要经历学习的起步阶段，但基本两三个月就能成长为熟练工。

老师告诉我们，有些学员在一开始接单的时候没那么有底气，收费也会便宜一点，市场价 1000 多元的成品，他们一开始可能只收费 500 元，但经过一段时间的练习后，也会慢慢提升到市场价，甚至不少学员的订单也排期到 3 个月以后了。

所以，新人入行只要用心学习，让老师认可你的作品，那么 500 元的客单价肯定是可以轻松达到的，换算为时薪也可以达到 60 元！

除了每月的收入之外，或许大家还会好奇，学会了羊毛毡的手艺，多久才能开始接到订单赚到第一桶金呢？

一位入行不久的学员告诉我们，以她的个人经验来看，2 ~ 3 个月便可以开始接单。她入行 2 个月后，便第一次尝试做仿真宠物，自认为做得还不错，便发在朋友圈宣传。发了两次朋友圈后，就有好朋友找她定做了，相当于第三个作品就已经是客单了。

而最让她开心的是，这个时候她的客单价已经达到 1000 元了。

线上＋线下双轨并行

客单利润高、订单充足，收益是非常可观的。但订单量离不开客流量的支持，如何才能迅速获客呢？如果只是朋友圈宣传，有需求的客户可能非常有限，也不可能像地推一样，在大街上被动寻找潜在客户。

一位有着丰富经验的宠物羊毛毡从业者告诉我们，不管是朋友圈宣传还是地推获客，都只能零零散散找到一些客户，还费时费力，最好的方法是去寻找行业资源。因为我们的客户主要是爱宠人士，那么自然依托这个方向，寻找目标群体比较集中的场所进行合作。

大家不妨想想，一般在哪些地方可以看到爱宠人士呢？无非是宠物医院、宠物店等地方。

了解到潜在客户可能存在的场所，如何和他们沟通甚至合作呢？其实也很简单，我们可以在美团上搜索相关的场所，基本这些场所都会在上面留下联系方式，我们需要做的，就是一个个去联系，告诉他们我们是做什么的。

很多人可能担心被拒，但是以从业老师的经验来看，被拒只是一小部分，大部分人都会对这个行业有些好奇，会互加好友了解一下。

大家要谨记一个道理：所有的合作都是利益的交换。因此，如果你想尽快和这些场所的工作人员达成合作，不妨提前设计好一个合作方案，比如以分成的方式进行合作，对方每推荐成功一个客户下单，便支付对方200元的酬劳，相信他们也会非常乐意将你推荐给客户。

还有一种线上获客的方式：有一定视频剪辑能力的朋友还可以在抖音开设账号，可以先找一些同行的账号，看看他们怎么做，哪些内容互动性和流量比较高，就可以模仿借鉴。

另一种线下获客方式是宠物展。有人会问：参展的成本这么高，不划算啊！其实不用自己买展位，可以找一个品牌方，支付对方一定的费用，对方将你的作品展出来，基本一个展会下来也能获客不少。

当然，如果有足够的精力和时间，也可以线下去走访宠物医院、宠物门店以及宠物殡葬店洽谈合作。

总之，获客方法其实很多，只要打通其中一种，便完全不用担心没有订单。

自学或者拜师都可以达成目标

可能有朋友会问：既然行业已经得到了市场验证，收入也非常可观，这门手艺应该怎么学呢？

其实无外乎两种方法，自学和拜师。相信大家也都明白两者之间的差异，就是时间成本和投资成本。

和拜师相比，自学确实能够省下一笔不小的经费，但在自学的过程中，新手在原材料和工具的购买上，大概率也是会浪费一些成本的。在时间成本上，选择自学的朋友，多多少少会走一些弯路。毕竟这个世界没有那么多无师自通的人，几乎所有行业少走的弯路，都是前人们踩过的坑积累出来的经验。

因此，拜师是入行最好也是最快的方式，不管是通过老师们录制的线上视频课程学习，还是线下的培训，汇聚的都是这些手艺人一针一针戳出来的经验。

而且拜师学艺还有个好处：和自学手艺相比，找手艺人学习，如果你的学习态度认真，作品能够达到老师的要求，大多数的手艺人也非常乐意分一些订单给你，让你更快变现。

我们通过深度调查得知，熟手真的不缺订单。一位从业几年的姑娘告诉我们，因为是熟手，她的订单已经排得非常满，但有时客户又急着想要，她便会推荐一些优秀的学员给客户。当然她也会将学员的作品给客户看，如果客户觉得满意，学员便相当于拥有了自己的客户。

如果选择拜师学习，大家应该如何找到一个靠谱的老师呢？有什么好的方法来辨别这个老师是否靠谱呢？可以通过以下几点来分辨。

第一，根据视频风格来分辨。

我们可以先看看她的视频的摆件和布置，因为一般老师常做手工的工作区域不会有太大的变动，比如说同样的桌布、同样的名牌、同样的背景。

第二，根据作品质量来分辨。

虽说仿真宠物都是做成宠物形象，但不同的老师做出来的质量还是会有差异的。同一个老师制作的作品，不论是手法还是整体风格，其实都有连贯性，也就是说，一眼望去便能看出是一致的风格。

当然，如果视频中老师会自己露脸做一些讲解或者解疑答问之类的，那么靠谱度也会更高。

在寻找老师方面，我们可以通过线上的自媒体平台，比如抖音和小红书，通过搜索关键字"羊毛毡"，再跳转到手艺人那里，选择一位你喜欢的老师，拜师学习。也可以在抖音平台搜索接受我们采访的老师，去咨询他们现在是否还做学员的培训。

不过要记住一点：**在挑选老师的时候一定要稳、准、快。**

根据我们的了解，目前市场上有能力进行技能培训或者线上视频录制的老师，都是羊毛毡的从业者。

每个老师的精力有限，而大多数从业者本来就有不少订单，就算要教学，也需要保证一定的时间来完成订单。因此，出于自身订单和时间分配的原因，为了保证教学质量，便没有办法像培训班那样做 1 对 50，甚至是 1 对 100 的培训，真正靠谱的老师大多都是维持在 1 次带领 15 ~ 20 个学员的这个比例。（其实这也是分辨老师靠谱与否的一个标准，如果一个老师告诉你她开课是一对几十，那么你便要提高警惕，这个老师可能不那么靠谱。）

入行切记趁早

不难发现，羊毛毡仿真宠物这个行业，在目前是有着极大的市场需求的。而且，因为国内外养宠人士数量上的差距，以及国内从业者的保有数量和项目的普及，在中国，羊毛毡仿真宠物这个行当大概率会有一个美好且富有前景的未来。

不过要提醒准备入行的各位：羊毛毡作为一个手工艺品，在制作的过程中，往往是非常无聊的，可能几小时，甚至是每一天，都是在机械地重复一个动作。所以，想要入局的朋友还是要先试练一下，自己购买一些材料，跟着教学视频尝试制作，了解自己是否能够坚持学习，最终成为一位优秀的羊毛毡手艺人。

我们建议，一开始不如先将它作为一种兴趣，看看自己能否坚持下来，如果感觉自己能接受这样的工作模式，再入行也不迟。

还是那句话：如果想入行，那么越早越好。因为这意味着你可以更快地进入这个赛道，并有机会脱颖而出，在获得可观收益的同时，还能收获一份事业。

03

新兴领域，
如何快速入局

第 12 章
3D 打印真人手办

商业小纸条 real

你一定听说过 3D 打印吧？这一新鲜事物刚出现时，让人们为之一惊，大至汽车，小至手表，可以说"万物皆可打印"，甚至还有单身男青年调侃给自己打印一个女朋友。如今 3D 打印的热度依然不减当年，并且在 3D 打印技术的加持下，又衍生出了形色各异的产品，3D 打印真人手办就是其中一种产品。很多热爱生活、热爱新奇事物的年轻人，看见 3D 打印真人手办后都爱上了它。

什么是 3D 打印真人手办？

简单来说，就是顾客先到店进行全身扫描或者影棚拍摄，电脑会收到图像数据，再用软件进行三维建模后发送到 3D 打印机，一层层打印出立体的彩色人物模型。是不是很神奇？

3D 打印真人手办的规格不一，小的有 12 厘米，大的有 18 厘米。3D真人手办的模样栩栩如生，望着桌上"蚁人"版的自己，这是一种什么样的体验？

我们去了杭州一家刚开业不久的新店体验 3D 打印的效果，实际上也想实地调查一下这家店的生意如何。这家店铺开设在杭州市中心地带的商场，面积有 50 多平方米，店铺展示区陈列着一些已经打印出来的样品。

当时前来光顾的客人还是不少的，我们排队进店后，在服务人员的指导下开始选择手办的大小。制作手办的耗材是彩色树脂，尺寸越大，和真人的相似度也就越高。手办的着装造型需要自己提前准备，像眼镜、项链这些细薄的物件可能打印不出来或者容易折断，因此要慎重考虑。有一位顾客就遇到了衣服袖子是半透明面料的问题，在服务人员的指导下进行了简单的处理才得以进入下一个环节。

我们进入一个圆柱形的影棚后，里面有几十个不同方向的摄像头，要在工作人员的指导下，以不同角度面对摄像头做各种动作，这些动作没有具体的规定，做自己喜欢的即可。需要注意的是，尽量不要单脚站立，因为这样重心不稳、身体抖动，导致拍出的照片有瑕疵。另外，还要注意千万不要伸出单根手指，因为单根手指的图像在打印出来后会变得很细，容易折断。

在工作人员的指导下，我们摆好姿势，只听咔嚓几声，拍摄就算完成了。随后电脑中会生成我们各个角度的照片，如果不满意是可以重拍的，但是打印制作时就不能再修改了。经过一周左右的等待后，我们就收到了心仪的 3D 真人手办。

我们的调查员在体验 3D 打印的过程中还分外留意了其他顾客的表现，

几乎所有的顾客都呈现出惊喜、期待的神情，有些小情侣甚至按捺不住欣喜的表情，大庭广众之下秀起了恩爱，并询问工作人员能不能打印制作情侣合照的手办。这说明 3D 打印真人手办这一新鲜事物对人们的吸引力还是非常大的。加上拍摄期间工作人员的服务态度也非常好，整个体验过程还是相当愉悦的。

市场和利润空间如何？

3D 打印真人手办属于一个新鲜事物，对于追求新鲜感的年轻人来说吸引力较大，可以说这一市场发展前景还是可期的。那么，涉足这一行业需要什么门槛吗？利润是怎样的？对此，我们的行业调查员前往多家门店进行了探访，有了一个比较深入的了解。

一般情况下，3D 打印真人手办的大小不一，价格也不同。通常来说，规格越大价格越高。例如，一个 12 厘米的真人手办需要花费 399 元，这是店家的活动优惠价；而 18 厘米手办的价格则翻几倍，需要 1499 元。你心中是不是大声疾呼：这样一个小小的手办就能卖上几百甚至上千元？那么，其中的利润到底有多大呢？

我们的调查员在小红书、抖音等平台上重点选择了 5 个品牌方进行了探访。为了得到更真实可靠的数据，我们以加盟者的身份对这 5 个品牌方进行了暗访。调查员非常尽职尽责，在与店家斗智斗勇、一番努力下，终于取得了不俗的成果，这 5 家品牌方中有 4 家向我们透露了打印成本价。

详情请参见下表。

3D 打印真人手办报价表 & 利润率

门店	尺寸 /cm	零售价 /元	打印成本 /元	单个利润 /元	门店利润率
A 品牌（电话暗访）	小：9	268	138	130	48.51%
	中：12	498	262	236	47.39%
	大：18	1899	888	1011	53.24%
B 品牌（电话暗访）	小：9	198	138	60	30.30%
	中：12	398	262	136	34.17%
	大：18	1488	888	600	40.32%
C 品牌（电话暗访）	小：9	199	每克 4 元	以具体克重计算	预估＞50%
	中：12	519			
	大：18	1799			
D 品牌（电话暗访）	小：9	298	120	178	59.73%
	中：12	498	245	253	50.80%
	中大：15	888	360	528	59.46%
	大：18	不限制	680	不限制	不限制
E 品牌（调查员体验店）	小：9	199	不愿透露		
	中：12	399			
	大：18	1499			

如果是总部代打，一般需要抽取零售价的一半以上作为打印费。

你或许会想：门店能不能自己买打印机来提高利润呢？关于这一点，我们也进行了相关的调查，几家店主都表示这样的想法并不符合现实。

调查员通过电话采访到了 ×× 淘 3D 真人打印公司的一位赵经理，他说门店采购打印机的做法并不可靠。首先，购买打印机的成本相当高。例如，一台日本进口的打印机，价格在 170 万元左右，国内拥有这样的打印机的店铺非常少，加起来不超过 30 台。其次，还需要聘请建模师等相关的专业人员，他们的薪资水平也是非常高的。如此之高的成本对普通人开店来说并不划算。

调查员在咨询了市面上高精度的 3D 打印机售价后，证实了这位赵经理的说法。3D 打印机的价格确实十分昂贵，并且有着一定的技术难度，非专业人员在短时间内很难掌握打印的技能。所以现在大多数 3D 打印加盟门店只负责吸引客源和图像采集，建模修复和打印制作的工作主要交付给总部工厂，采用分成合作的模式去赚取利润。

通过与赵经理的交谈，我们还得知，与其他服务性行业一样，3D 打印这一行业在周末的客流量也会相对大一些。如果平均按每天 10 组顾客，每组顾客 200 元利润，10 组顾客就有 2000 元的利润，做满 1 个月利润可达 6 万元，还是非常可观的。

3D 打印真人手办的实地调查

3D 打印真人手办是一件新鲜事物，无论对于商家还是消费者都处于一个"懵懂"的阶段。我们以上面采访的赵经理所述为范本，进行了实地调查，这一新兴行业的利润到底是否如他所说呢？下面我们具体看一下这些已经加盟 3D 打印真人手办的店主及消费者的看法。

第一站：杭州。

我们首先来到了杭州的一家 3D 打印店，由于是工作日，人流量相比节假日要少一些。店长向我们详细介绍了门店的基本情况，他告诉我们，来店内消费的人群以年轻人为主，然后是亲子家庭，有一些喜欢赶时髦的叔叔阿姨也会来体验一下。

工作日的订单量相对少一些，大概每天会接待 3 ~ 5 单；节假日的订单相对来说比较多，导致有时候店内人手不够，店员忙得手忙脚乱。至于前来消费的人群大多是结伴而行，也有独自前来咨询并定做手办的，还有三口、四口之家定做全家福的，大家在了解了 3D 打印技术后纷纷赞叹不已，可见这一新鲜技术的吸引力。

我们在店内期间遇到一位爸爸带着孩子来定做手办，顺便跟他唠起了家常。他说小孩子一般都比较喜欢稀奇古怪的东西，自己偶然在抖音上刷到 3D 打印真人手办的宣传广告，觉得比较新奇，于是便带孩子来店里体验一下。这不圣诞节就要到了，想把手办送给孩子当作圣诞礼物。

杭州的这家 3D 打印店刚开业不久，在美团、抖音等平台上也开设了网店。我们查询到，在美团上的消费只有 9 单，而在抖音团购上显示的销量超过 5000 单。我们翻看消费者的评价，好评居多，备受亲子家庭和众多情侣的青睐。

由于 3D 打印真人手办的生意刚刚兴起不久，目前杭州只有这一家门店，很多城市甚至一家店都没有。我们为了获得更加切实可靠的数据和信息，又前往宁波和台州的门店做了一些蹲点实测。

第二站：宁波。

宁波的这家 3D 打印店位于市中心的城轨交通商业街，门店面积有四五十平方米，门脸广告和真人手办样品都摆设在店内最显眼的位置，踏入店内就给人一种耳目一新的感觉。我们的调查员是在周六下午前往门店的，由于是休息日，现场的人流量非常大，据观察，周边的门店生意也都很好。我们在店内逗留了 3 个多小时，通过与店员、顾客的交流以及我们工作人员的观察，大体了解了门店的基本情况。

宁波的这家门店于 2022 年 6 月开始营业，是全国第一批 3D 打印真人手办的加盟店。我们在店内逗留的时间里，一共有 26 组顾客前来咨询和体验，他们都抱有强烈的好奇心，但是咨询体验后直接消费的顾客并不是很多。或许是因为初次接触这一新鲜事物，很多人前来都抱有试探和体验的目的，然后再做打算。

我们来亲身体验一下顾客入店的节奏：

下午2：08左右，有一对父母带着孩子订做了一个12厘米的手办。

下午2：25，一对情侣进入店内，女生在听完店员的介绍后定做了一个9厘米的手办。

下午3：56，一位爸爸带着自己的女儿在店内逗留了很长的时间，孩子对手办怀有浓厚的兴趣，最终这位爸爸为她定做了一个12厘米的手办。

我们注意到，在这段时间里这家店的销售额是997元，毛利在500元左右，还是相当可观的。

在店内逗留期间，调查员还与几位消费者进行了交谈。其中有一个其乐融融的三口之家。看上去，这位爸爸对孩子是非常宠溺的。他说自己是在刷抖音的时候看到3D打印真人手办的宣传广告的，与孩子妈妈商量后决定前来店内体验一下，最终为孩子定做了一个12厘米的真人手办，花费了399元，这个价格是可以接受的。

在空闲时间，我们还采访了这家店的店员，她告诉我们最初开业时，前来体验的人还是非常多的，每天大概有十几二十个人咨询和体验，尽管订单不是很多，但人流量还是比较足的。如今，每逢节假日或者双休日，顾客较多，工作日相对少一些。有一些生意好的门店，人流量更大，订单也更多，据说中秋节，昆明的一家3D打印真人手办店足足获得了60个订单，很是疯狂。

这位店员还向我们展示了每天记录的客流量和成交数，实际成交的订单日均五六个，这与我们所观察到的事实是基本吻合的。宁波的这家门店开业较早，无论是宣传推广、吸引客流量，还是拍摄技术、服务质量等，都能给顾客相对满意的体验。

第三站：台州。

在宁波实地调查后，我们又前往台州一家 3D 打印店进行了踩点调查。我们一行人员到达台州意德店的时间是在周日中午。恰逢休息日，按常理来说，这应该是人流量最大的时候，但是真人手办打印店开设在三楼电梯口的拐角处，不太显眼，路过的人如果不注意很容易就走过了。这也是一家加盟店，由店老板亲自经营。关于 3D 打印真人手办这一行业，他持乐观看好的态度，认为这一行业的前景还是十分美好的。

这位老板向我们讲述了自己的创业之路，他认为这个行业目前还处于一个孵化和起势阶段，很多人持观望的态度，这是非常正常的心理表现。他说，他的门店有时候客单价能做到很高，利润还是非常可观的。

由于这家店的位置正好在商场的拐角处，不太便于蹲点和拍摄，我们的调查员在现场观察了两小时左右，只看到五六个人路过时好奇地看了几眼，其中有两位向门口的店员咨询了一下 3D 打印的基本情况，但均未下订单。

实地调查总结：

调查员对杭州、宁波、台州等地 3D 打印店的蹲点观察和采访，收集到了一些比较有用和真实的信息。根据这些信息并结合前期品牌方所定下的分成比例，我们就可以大概算出这 3 家门店的月利润。当然，这不是门店的净利润，还要扣除门店的房租和员工工资，剩下的便是门店的净利润。下表就是我们所调查和预估的这 3 家店的月利润。

蹲点实测情况

地点	蹲点时间	人流量/（人/小时）	咨询/人	消费/人	销售额/元	预估月利润/元
杭州湖滨银泰	周三下午 2 小时	50	5	2	798	35000
宁波天一广场	周六下午 3 小时	900	26	3	997	30000
台州意德店	周日下午 2 小时	100	6	0	0	25000

另外，我们还通过上百分钟的电话沟通和对这三个城市的调查实测，推算出了这三家门店的投入和回本情况（详细情况见下表），以供有意向开店的人参考。

投入和回本情况

地点	加盟费+设备费用	装修/元	房租/（元/月）	员工人数&工资/（元/月）	前期总投入	预估回本周期
杭州湖滨银泰	22万元左右	13000	25000	2×6500	35万元左右	1年以上
宁波天一广场	22万元左右	15000	35000	1×5000	35万元左右	1年以上
台州意德店	20万元左右	10000	7000	1×4000	30万元左右	1年以上

具体来讲，这些店面大都开设在大型商业综合体里面，面积有四五十平方米，由于地处城市繁华地段，每月房租成本还是比较高的；再加上加盟费和影棚设备等方面的投入，开设一家 3D 真人手办打印店的前期总投入预估在 30 万元以上。其中，影棚扫描设备的费用相当高，大概在 15 万

元。据我们了解，市面上也有一种手持式的扫描仪，价格比较低，普遍在1万元左右。但这种设备有着明显的缺点，那就是拍摄时人物要保持静止不动，扫描时间需要 2 ~ 3 分钟，成像效果也会大打折扣，远不如影棚扫描设备。

综合计算下来，这几家店保守估计需要 1 年以上的时间才能回本。当然了，我们只走访调查了 3 家门店，样本量相对较少，也不排除有营收更好的加盟商，有待我们后续进一步调查。

如何获得客源？

看了以上对 3D 打印真人手办的介绍以及市场前景，相信你对这一新兴行业有了一个相对全面的认识和了解了，志在创业的你面对这个朝阳行业，是否怦然心动了呢？

说实话，3D 打印真人手办这一行业还是有一定的门槛的，对创业资金和技术都有较高的要求。除此之外，由于这一行业是近年来才兴起并发展的，大多数人都持观望的态度，要想开店并获得充足的客源并不是一蹴而就的事情，需要你不断学习和积累经验。

在这里，我们特意总结了几种帮助你获得客源的方法，相信一定会对你有所帮助。

1. 门店如何选址才有利？

店铺位置的选择是一门技术活，选址的合理与否将直接决定着店铺的客流量和营业利润。对于初次接触这一新兴行业的人而言，一定要多听、多学，谨慎行事。由于 3D 真人手办属于新兴的消费品类，整个社会对这一新兴事物的接受度相对较低，因此我们建议开店最好选择在文化类消费占比较高的一二线城市；至于门店具体位置，最好选择人流量比较大的地方，如大型商场、大型社区附近，店铺开设在紧挨商场电玩城、娱乐区和游乐场的地方最为适宜。

2. 线上与线下结合，加大宣传的力度。

由于 3D 打印真人手办需要顾客本人到店进行图像采集，因此这是一门同城生意，对外地游客的吸引力稍显不足，可以将眼光重点瞄准在本地的宣传和推广上。

线下，可以通过这样几种方式来宣传 3D 打印真人手办店。

第一，店面广告。设计有吸引力的具有创造性的广告牌，放于店铺门旁，也可以做一些创意的展示架，展示精心制作好的手办，这能有效吸引路人进店参观，获取客流量，带动店内消费氛围。

第二，制作并发放店铺的 3D 打印真人手办宣传彩页，最好选择在人流量大的地方发放。宣传彩页的设计一定要新颖有创意，才能吸引潜在的客户甚至是"吃瓜群众"，为你招揽到大量的生意。

第三，可以加强与周围其他相关行业或店铺的沟通与联系，互换资源，实现资源共享，合作共赢的局面。比如，你可以与周边的摄影店、照相馆合作，在你与顾客交流的过程中，介绍彼此行业的情况，推荐到对方店铺参观体验，这也是一个不错的手段。

至于线上，可以联系一些当地的探店达人，或者设计符合本店形象的创意宣传片放在社交媒体或团购平台上做宣传，增加门店的曝光度，这也是现在各个加盟商普遍采取的推广方式。

3. 高度重视顾客转介绍。

对于任何一个服务性行业来说，顾客转介绍都是非常重要的。各位老板都比较重视这一获取客源的手段，因为这一手段投资少、见效快，能为自己获取源源不断的客源。3D 打印真人手办是一个新兴行业，消费者对这个行业的认知度和接受度还不够高，大多处于观望和了解的状态，我们可以充分利用手办的社交属性和展示功能，给予那些已在店内消费的顾客一定的实惠或奖励来帮助自己开拓客源。

我们采访到 ×× 记 3D 真人打印公司一位杨经理，他特意提及这一转介绍的手段。他说，当顾客进店定做手办的时候，你可以给他准备一些小礼品；或者让他在自己的朋友圈发布店铺的宣传片或广告，给予他一定的提成奖励。比如小的手办每个订单提成 15 元，大的手办订单提成 30 元。事实证明，通过这样的手段宣传，转化订单的概率还是相当高的。

4. 加强异业合作。

所谓的异业合作，指的是不同行业的企业之间通过密切的交流与合作，实现资源共享，降低劳动成本、提高生产效率、增强自身竞争力的一种营销策略。这一策略在当今企业竞争中十分流行，能实现双方共赢的局面。

如果你在与其他企业打交道的过程中，能凭借自己的资源说服、打动对方企业，谈成团单的话，你所获得的利润将会十分丰厚。同时这也能使你形成比较稳定的客源，订单也会源源不断地流入你的门店。

我们所接触的 3D 打印真人手办店的赵经理，他在为自己门店招揽生意的过程中就很好地利用了这一策略。他在与婚纱影楼接触与合作时，就向对方直接阐述自己的目的——在婚纱店接待顾客时，向他们推荐 3D 真人手办这样的新奇产品。比如，向新郎新娘介绍 3D 立体手办的纪念意义，放在家中的展示柜上既温馨又有个性。对于刚刚步入婚姻殿堂的年轻人来说，3D 真人手办这一新奇事物还是非常有吸引力的，并且这一价格他们完全是可以接受的，因此成单的概率会非常大。成单后，这位赵经理也会给予婚纱影楼一定的提成，订单价格越高，提成越高，真正实现了合作共赢。

新事物的诞生总是伴随着新奇与质疑，而历经曲折之后便是一片坦途。如今，3D 打印真人手办这一新鲜事物正逐渐进入大众视野，在人们猎奇心理的驱使下，3D 真人手办定会越来越吸引人们的眼球。有志于创业的你，可以多多了解并涉足这一行业，尽早做好布局，抢占市场先机。

第 13 章
除醛：净利润 70% 以上的好生意

崔磊－为思考点赞

一台测试仪，几瓶药剂，到别人新装修的房子里测一测、喷一喷，不用半天的时间就能收获大几百甚至上千元的收入，净利润更是高达 70% 以上，这样的生意听起来是不是特别有诱惑力？相信看到这里的描述，很多人都猜到了，这个生意就是"除醛"。

说到除醛许多人并不陌生，毕竟只要是经历过新房装修的家庭一定经历过除醛的阶段。但对除醛许多人却并不了解，因为关于它的"传说"实在太多了。

有人说，除醛行业"门槛低、投资少、利润高，是人就能干，装修就需要"；也有人说，除醛行业"行业乱、产品乱、收费乱，赚的主要是智商税"。

那么，除醛行业的真正面目到底是什么样呢？市场现状如何？机会在哪里？入行要怎么避坑？客户要怎么找？

在走访大量除醛行业专业人士后，我们团队决定为大家揭开面纱，也为有兴趣进入这一行的朋友拨开一些迷雾，可以尽快入行。

甲醛：隐秘的健康杀手

我们通常说的除醛，主要是指除甲醛。甲醛是一种无色但有刺激性气味的有机化合物。许多人不知道的是，空气中其实一直都有甲醛，只是浓度非常低，平时闻不到，也不会对我们的身体造成什么危害。

但是，当甲醛积累到一定浓度之后，就会对人体造成很大危害。甲醛被世界卫生组织明确为一类致癌物。而在我们的日常生活中，家居建材是甲醛的最大来源。

根据行业专家的介绍，甲醛的最大来源是板材，包括建材中常见的柜子、榻榻米等。还有其他一些产品也有甲醛，比如地板、墙布、墙纸，甚至窗帘。含有胶水的产品都有甲醛，只是相对板材来说，这些浓度没有那么高。

甲醛的产生是一个长期持续挥发的过程，并不是一次治理就能完全根除，比如板材内部甲醛的挥发周期非常长，持续几年甚至十几年都有可能。

近年来，随着健康意识的增强，越来越多人装修完房子之后，第一件事情不是入住，而是除甲醛。除醛行业也因此变得热闹起来。数据显示，2013 年我国除醛市场规模是 77 亿元，到 2022 年达到 400 亿元，10 年里增长了 4 倍多。

一个行业的迅速发展背后，一定同时存在许多混乱与问题，除醛行业现状到底如何？普通人入局是否来得及？请继续往下看。

除醛行业问题：零门槛、监管弱、产品杂

在我们的团队与行业专家、从业人员沟通后，发现与我们预计的一样，整个行业目前是存在许多问题的，主要体现在三个方面：入行门槛低，相关部门监管弱，产品种类杂。

当我们与一位除醛行业从业者沟通时，他坦言这个**行业其实是零门槛**的。不管你懂不懂这一行，只要去一些采购平台搜索相关类型产品，花几千块钱买一些产品，就可以成为所谓的"从业人员"。

为什么会这样呢？这位从业者告诉我们，除醛本身也不是特别复杂的事情，买一些检测设备、喷涂设备、药剂等就可以完成这个过程。

虽然门槛看似很低，但要做起来也并不容易。因为个人买一些产品去从业是很难取得普通消费者的信任的，甚至许多所谓的专业除醛的公司本质和个人也没区别。排除一小部分除醛公司确实有核心的产品竞争力，大部分都是拿一些现成的相关产品组合进行检测。至于招商加盟，也只是发一些自制的证书和资质给经销商和加盟商，很多人并不具备多么专业的能力。

一位专家告诉我们：现在行业内证书已经快达到泛滥的程度，只要去联系所谓的协会，它甚至会主动打电话给你。一个企业的甲级证书，可能几千到上万不等；个人的几百块钱搞定。但是拿着这些证书去投标也好，给老百姓宣传也好，其实都没有多大价值。

目前，这个行业存在不少"游击队"，"一台仪器、一杆喷枪"就能开张营业。可以想象的是，这些人的服务和能力自然不会很专业，进而导致了行业整体的服务品质无法得到保证，口碑也受到影响，才会被许多消费者认为除醛赚的是智商税。

行业的另一个问题是监管弱。虽然政府相关部门对除甲醛检测结果是有专门的检测标准，但对于除醛行业企业的施工流程、工序、测试设备甚至使用药剂，都没有要求，这就让一些无良商家钻了空子。

目前，监管部门对除醛行业和企业并没有统一监管，一些除醛公司组建了各种行业协会，实行行业的"自我管理"。其实这个出发点是好的，本身并不是坏事，但一些行业协会却打着"自律"的名头，实际上靠卖资质证书赚钱，反而破坏了行业生态。

目前，政府相关部门对环境类的空气指标、建材的污染物指标等方面都有检测要求，而且可以预见的是，未来监测标准方面会越来越严格。因为不论是住建局还是卫健委，对于各类检测标准一直都在提高。

目前整个行业呈现较为混乱的状态，而且缺乏头部的服务商或者名牌产品，因此造假、以次充好、以假乱真等现象非常常见。

一位从业者告诉我们，他见过最夸张的是那种拿六合一检测箱子去给消费者测甲醛、苯、TVC 等数据的，这种测试方法业内人士一眼就能看出问题。因为这样肯定无法精准测试，而且可以人为调整的空间非常大，几乎是想高就能高，想低就能低。这类的新闻报道也是屡见不鲜的，因此消费者更加对除醛从业人员失去信任感。

最后一个问题就是产品杂。市场上许多产品吹得天花乱坠，但实际作用并没有那么大，有些可能有作用，但必须是在特定的环境或者条件下才有用。

那么，究竟有哪些实用的产品呢？

为此，我们专门采访了一位化工行业内从事除醛研究的专家，他对目前市面上最常见的几种除醛产品活性炭包、光触媒类的药剂、除醛果冻以及空气净化器的除醛原理、除醛功效进行了一一分析讲解。

活性炭类产品属于吸附类除醛产品，它的工作原理可以简单理解为用一个容器将甲醛这一类有害物质装进去，装满了就饱和了。但需要注意的是，饱和之后它会再次释放，变成一个污染源进行二次污染。

有人说这类吸附类产品放到太阳下面晒下或者通风地方吹一下就又能用了，其实是错误的。因为吸附类产品脱附需要非常高的温度，正常需要上百摄氏度，太阳暴晒显然不能达到这个要求。

光触媒类产品效果也不错，但它需要特殊的条件，就是依靠紫外线。它需要紫外线的照射才能起到除甲醛的作用，没有紫外线它是很难起到作用的。

除醛果冻，本质上是通过添加二氧化氯等物质来达到除甲醛的目的，但是它需要很高的浓度才能达到除醛的效果，而高浓度的二氧化氯对金属器件具有腐蚀性，对人体的呼吸系统也有很强的刺激，因此缺点也是很明显的。

空气净化器是有用的，但必须选对滤芯。因为空气净化器的关键就是滤芯，滤芯能不能除甲醛也就意味着你的空气净化器能不能除甲醛。

通过与专家的沟通我们可以得知：目前市面上常见的几种除醛产品，理论上对于除醛都有一定的作用，但作用与效果各不相同。而且，使用过程中也有许多需要注意的事项，如活性炭类产品需要定期频繁更换，光触媒喷剂需要在特定的环境下才能起作用。普通消费者在不了解专业知识的情况下，在网上购买一些产品自行操作，可能不仅达不到除醛的效果，反而会增加危害。

如何迅速入门：兼职或者培训

看到这里相信大家都知道了，目前想进入国内的除醛行业其实真的很简单，因为确实可以算零门槛。我们进入一个行业的最终目的还是赚钱，进去确实很容易，但想要做好并赚钱，这里面的水还是很深的，肯定有一些门道的。

当然，如果你资金充裕，对自己的运营管理能力很有信心，也非常看好除醛市场，想直接进入这个行业也是可以的。但相信大多数人都是行业小白，资金也未必充裕，那么想认真做好这一行，还是需要细细谋划一番的。

首先，我们来明确一下除醛的工序。

工序主要分三步：

第一步是检测，使用专业仪器检测甲醛的含量。通常是在需要检测的房屋里设置几个不同的检测点。例如，每个房间一个检测点，或者一定空间内设置一个检测点，然后进行采样分析，再将检测的结果以数据报告的形式出具给客户。

数据报告根据客户的要求出具，可以是公司给出，也可以是将采样送到专业的 CMA（空气检测机构）检测，由机构给出。

第二步就是除醛。不同的公司，药剂不同，程序也不同，当然最终目的是一样的，就是为客户的房子除甲醛。更准确的说法应该是，把客户房屋内的甲醛含量降低到标准危害值以下，确保对人体无害。

第三步是复检。其实就是把第一步的检测过程再做一遍，通过检测报告来确定服务是不是真正做到了除醛。通常来说，复检的采样样本，都会建议客户送到专业的 CMA 机构检测，这样虽然价格会高一点，但结果更可信。

可见，除醛行业是一个既需要相当专业知识储备，又需要实际操作经验的行业。对于准备入行的小白，恶补行业知识非常重要。除了自己想办法通过网络寻找相关文章、阅读专业类书籍等方式之外，小白应该怎么从实践中获得专业知识和实际操作经验呢？

我们与行业专家和从业者沟通后发现，**主要有两个方法来实现：兼职或者培训。**

一位有多年经验的从业者给出建议：如果你时间足够充裕而又希望进入除醛行业获得收益，那么先在本地寻找除醛公司兼职是一个不错的入行方法。他告诉我们，为了节约成本，许多除醛的小公司都会寻找兼职人员。而个人通过兼职既可以熟悉相关业务，把流程的每个环节都跑一遍，又对公司的大概运营状况有个基本了解，为自己未来单干打下基础。

通过兼职完成几单熟悉业务后，便可以自己做一些投入，比如注册一个公司开始个人接单；或者多去几个不同公司，学习不同的运营推广方法；也可以借机为未来多做准备。

所以可以看出，去除醛公司兼职，既可以学会除醛的技能，又能找到靠谱的产品，还能了解基本的市场情况，甚至还能利用业余时间赚点零花钱，可以说是一举多得。

不过这样的兼职其实也不是那么好找，我们团队专门去一些招聘网站搜索了"兼职除醛"等工作，发现类似的岗位不算多，可见这个岗位需求量其实并不是那么大。所以你不仅要多留意相关机会，还需要花费相对较多的时间，才能找到合适的兼职工作。

有朋友会说：我不想花这些时间寻找和等待兼职打零工的机会，我宁愿花点钱降低前期学习的时间成本，应该怎么做呢？

这就涉及第二种方法：**培训。**

一位资深从业者告诉我们，目前，真正进入这个行业主要有两种模式——加盟和培训。加盟会设置一定门槛，比如费用或者资质条件；而培训则是技能型培训，教你如何寻找客户，如何操作，收费也相对便宜，一般来说几千块钱就完全够了。其实，培训本质上和大家熟知的厨师培训很像，告诉你怎么配料、怎么做菜，或者给你一个配方，你回去照着做就行了。如果找不到合适的除醛公司兼职，那么培训是最快的入门方法。但是要注意一点：千万不要被某些培训公司的产品捆绑，只找那种专门培训技能的就行，否则很可能增加不少学习成本。

　　有人又会问了：市场上各种培训班，怎么找到靠谱的培训班呢？

　　找培训班的方法很简单，可以直接在 58 同城、美团等平台搜索当地的除醛公司，然后打电话过去咨询是不是能进行施工培训；也可以通过知乎、微博、抖音等，找到一些发布除醛行业信息的从业达人，与对方沟通是不是能够付费培训。这样的培训费用也不高，一般是两三千元。

　　当然，在找培训班的过程中也有一些坑，大家一定要注意。

　　比如有些厂家培训的时候，不停吹嘘自家的产品多么好、效果多么强，那么你就要注意了，他可能只是想让你帮他卖产品。

　　再如，有些行业协会组织的培训，往往会请一些化学行业的研究者或者大学老师来讲课，这些专家确实能够传授关于甲醛危害、甲醛分解方法等的专业知识，信息也比网上搜到的要权威靠谱得多，但要注意的是，专家往往并不会考虑除醛施工现场的情况，也就是他们的信息可以提升你与客户沟通时的理论能力，但他们的很多方法未必适合在所有施工现场进行实际操作。

　　不过，在调查的过程中我们发现一个有意思的现象：多位行业从业者对于其他行业普遍存在的加盟形式都很不"感冒"。对准备入行的新人，他们的建议都是"不要加盟"。为什么会出现这种情况呢？

　　一名资深的从业者告诉我们的调查员：现在市面上加盟最大的问题在于门槛低和费用过高。比如说3万元、5万元，再高一点可能8万元、10万元。虽然对比其他行业加盟费，这个费用看上去并不夸张，但对于新手来说，它的试错成本太高了。因为目前全国所有的除醛公司都不具备品牌效应。这意味着不论加盟什么品牌区别并不大，因为没有任何一个品牌是消费者耳熟能详的，消费者不可能因为你加盟了这个品牌就选择你。所以，既然没有品牌效应，那么加盟花费的成本自然没必要这么高。作为行业新人，在入行时还是能省则省，毕竟都是希望通过这个赚钱的，一分钱还没赚就投入太大，显然是不划算的。

　　当然，如果你的资金比较宽裕，想要直接加盟现有的除醛品牌也不是不行。目前来说，加盟的价格在几万元到十几万元都有，你可以根据自己的需求和实际情况选择。虽然加盟确实有不少坑，但也不是没有优点：比如加盟费用里往往包含相关的测试设备和药剂，可以为新人省掉了一些麻烦；而且有些加盟商会通过不同平台统一接单，然后派单给各个城市的加盟者，也算自带一定数量的潜在客户了。而缺点除了我们之前提到的起步费用高、品牌效应弱等，还有个问题需要注意：加盟商提供的测试设备是不是专业、除醛产品到底有没有效果，这个需要进行甄别，碰到那种专门想着坑加盟者卖设备的，就很不划算了。

　　通过学习或者兼职，相信大家基本上初步了解了除醛行业的操作流程。接下来，就可以正式入行开干。在正式开干之前，依然有不少问题需要解决，比如怎么去找靠谱的检测设备？怎么来选择有效的药剂？怎么找到第一位客户？

　　为此，我们也特意寻找到几位目前正在除醛行业里摸爬滚打的创业者，向他们请教了几招拓客的技巧，可以说是非常实用的干货。

入门第一步：学检测，看报告

我们前面说过，目前市面上的除醛公司，基本的核心服务其实包含了两项内容：一项是检测，一项是除醛。当然，也有一些公司只承接其中一项业务，比如有的只负责检测，有的不检测只售卖除醛产品。这样只提供单项服务的公司通常都在线上平台开设网店，而承接线下业务的公司，基本上两项业务都是覆盖的。那么，现实中专业人员是如何为客户提供这两项业务服务的呢？

首先是检测。检测最重要的自然是检测设备。

前面我们已经提到过，目前市面上的检测设备也是五花八门，从试剂盒到多合一的手持式检测仪，再到几千上万元的专业检测设备，都能在网上找到。而这些设备该怎么来辨别呢？为此，我们请教了两位从业者，他们从设备选择与报告的解读两个角度为我们解答了相关问题。

设备选择上，最初级的设备便是试剂盒。从专业角度来说，试剂盒是可以定性但是不能定量的。这是什么意思呢？定性就是可以测试是有效还是无效，定量就是指测试甲醛的具体含量。

目前来说，能够定量的设备一定是实验室级别的，至少它需要定期进行校验，对于仪器来说这个是很重要的，这样的检测方式我们是比较推荐的。当然，像之前提到那种拿个六合一检测的大箱子，同时能够测出甲醛、苯、TVC 一串数字的这种检测仪，基本上都是有问题的，因为人为可调整的空间非常大，所以很不准确。

所以说，如果要为客户提供专业的除醛服务，像普通的检测盒或者一些价格便宜又声称"功能强大"的设备，基本可以忽略不计，**必须买一台类似 PPM 专业检测仪这样的仪器。**

不过，要购买专业设备，价格会比较高，一位从业人员告诉我们：好的设备至少要数千甚至上万元!

但许多人刚入行,准备的资金非常有限,在生意尚不稳定的情况下,是否有必要购买这么贵的设备呢?

当然没必要,对于所有刚入门的人,我们的建议是租用设备。

在淘宝上,一台专业设备租用一次的金额在 100 ~ 200 元;一些平台也提供专业测甲醛设备租赁和检测服务,一次可以用 3 ~ 4 天,完全能够支持各位初学者初期的检测需要。等生意多了、利润稳定了,再去买专业设备也不迟。

其次是看报告。我们前面提到过,给客户的检测报告一般有两种。

一种是除醛公司自己出具的。这种报告比较简单,只需要把检测机器上面显示的数据告知客户,这种往往是除醛服务开始之前进行,目的是明确客户家里甲醛超标的地方主要在哪里,超标的程度如何。

另一种是专业的 CMA 报告。在除醛服务结束之后,一般还要再进行一轮除醛检测,来确定除醛工作是否有效。这个报告,一般是专业的 CMA 进行检测后出具的。

这里要解释下,这里说到的 CMA 其实是一种认证,是根据我国《计量法》的规定,由政府相应的主管部门对检测机构的检测能力及可靠性进行的一种全面的认证及评价。**所以有 CMA 标记的检验报告是可以用作产品质量评价、成果及司法鉴定,是具有法律效力的。**

最后是找到有效的除醛药剂。专业人员提醒新手朋友们:**不要随意听信厂家或者加盟商的宣传,就盲目购买某种除醛药剂。**毕竟不是所有的厂家或者加盟商都能做到坦诚相待,有部分不良商家会通过虚假宣传来推销自己的产品,以达到获利的目的。所以我们一定要自己通过学习相关知识,来辨别药剂是不是真的有作用。

当然，最直接的方式还是去看药剂生产厂家的 CMA 报告。

这里要注意的一点是，许多厂家不展示报告的封面，只告知一个结果，然后吹嘘产品效力有多少。其实是不可信的。

一定要看完整的封面，检测机构是谁，有没有 CMA 或 CNAS（中国合格评定国家认可委员会）的这些标志，然后必须要有相关盖章。同时，一定要注意里面的细节，比如它用的标准具体是什么标准，送样的单位和时间，以及有没有附加其他条件在里面，要看它的用量。

比如 1.5 立方米用 200 克，那是不是可以接受的量？因为 1 包是 40 克，相当于放了 5 包，这就是一个符合生活环境的数据。再如有没有其他的附加条件，比如说紫外线灯照等。

当确定某种药剂有用后，可以通过 1688 等批发渠道自行寻找货源，也可以根据这款药剂的除醛原理，去对比寻找类似的产品。

线上拓客：充分利用互联网平台

学会检测与看报告，便算是初步入行了。接下来到了许多人最关心的环节：应该如何获客？目前来看，除醛行业除了个别大一点的公司外，绝大部分还是局限于本地经营。对新手来说，从所在地起步也比较靠谱。

本地拓客，主要有两种方式：第一种方式是线上通过互联网平台如淘宝、美团或者贴吧、58 同城、抖音同城等发布信息来招揽客户；第二种方式则是通过线下渠道，在当地发展客户。

首先我们来说说线上拓客。**比如利用淘宝这样的电商平台**，可以在淘宝上开店，面向的是全平台的消费者。这看上去是一个非常大的机会，但背后有一个问题：如果你想要提供的是检测加除醛一条龙的线下服务，自然需要在全国各个城市进行布点，统一分发订单，然后进行上门服务。但这种模式不太适合刚起步的状态，你不可能在全国各地都开设分公司进行服务，所以如果在淘宝上开店，我们建议你一开始还是以售卖产品起步，比较省事，可操作性也更强。

虽然通过淘宝等电商平台开店非常常见，但如果想要通过互联网平台来招揽本地客户，建议在美团或者 58 同城这样的平台来开店。

一名行业专家告诉我们，美团等本地平台的客户比较精准，原因有二：一是需要除醛的人才会去美团上找这一类型的店；二是它与城市相对应，看得到你的基本上都是本地的客户，可以说非常精准，也更容易获客。

不过需要注意的一点是，注册申请美团账户需要用到公司的营业执照，因此在申请之前，记得去申请开一个小公司。

推广前期可以尝试用团购的方式吸引客户。比如原价测试一次 300 元，可以开团购半价测试。这样做的目的主要是以低价吸引种子用户，为这些人服务好后，可以向他们推荐后续的服务，也可以让他们推荐更多其他客户。

另外，本地平台好评是很重要的，但没有订单就没有好评，所以刚开始即使是线下接到的订单，最好让客户到美团上去下单。只要告诉客户美团上团购有优惠，客户一般是不会拒绝的。服务结束后让客户拍照评论，获得实惠的他也不会太抗拒。这样前期的订单就可以慢慢积累好评，对店铺的排名也有帮助。

同时，**线上推广也可以利用好抖音、小红书等不同类型的社交媒体平台**，在这些平台的家装、环保等板块，定时发布一些除醛知识分享；或者主动去搜索回答一些相关问题，慢慢积累人气，逐渐把自己打造成行业内的意见领袖，为后续开展业务打好基础。

一位资深从业者告诉我们：**一个优秀的 IP 可以吸引不少流量。**在这些平台可以多发一点专业知识，将自己慢慢打造成一个专家的人设。当然前提是确实要懂，有人咨询要能够回答，这样别人就会慢慢对你产生信任感。后期如果客户要买产品，就可以到你的店里买。如果他刚好和你在一个城市，可能他直接就可以找你来服务了。

所以最后我们总结一下：在除醛行业，受到地域限制，像淘宝这样的平台，相对更适合做单纯的产品售卖，服务是很难开展的；如果服务的是当地客户，更适合在美团或者 58 同城这样的本地消费平台上开店营销。

当然，除醛这项服务本身是具有特殊性的，它毕竟不是日常生活中经常需要的东西，也就是客户几乎都是一次性的，不太可能存在所谓的回头客，客户只有在特定的情况下才会需要这项服务，所以线上拓客的营销方式相对被动一点，基本上是"等着客户找上门"。

线下拓客：寻找客户的服务商

那么，如何主动出击，找到精准的客户呢？这就需要用到线下拓客。

线下拓客，第一个方法比较容易也相对常用，很多朋友可能自己也能想得到，就是**想办法进入新交付小区的业主群，发布广告招揽客户。**

一名除醛团购发起人告诉我们：线下可以通过服务加产品的方式来获客，而进入客户群则是通过与除醛密切相关的上游产业——交付的楼盘。

在了解到周围需要交付的楼盘后，**进入楼盘的业主群，可以在群里询问是否有人需要检测，**这种方式可以让许多有需求的客户主动找到自己。特别是不少客户在入住前难免会担心甲醛含量高，你在这个时候出现会让对方主动来咨询相关的信息。然后你就可以帮助业主测试甲醛，并使用活性锰这个真实有效的产品进行除醛，一般情况下效果都会特别明显。经过这样的交流沟通，双方也逐步建立了信任，有的业主甚至会主动帮忙介绍客户，这样便可以收获线下的第一批种子用户。

这位除醛团购发起人还透露：除醛设备是租来的，一个月租金在 1500 元左右，做一次测试收 200 元；除醛产品是自己通过朋友找来的某款放置型的活性锰除醛包，5 公斤产品卖 620 元，利润大概是 40%。因为是兼职，他基本上每天利用下班时间去给客户做检测，每户测试大概需要半小时，然后他会通过微信上的团购平台，让客户自行从他分享的链接上下单购买除醛包。

如图，是他与客户交流的截图。

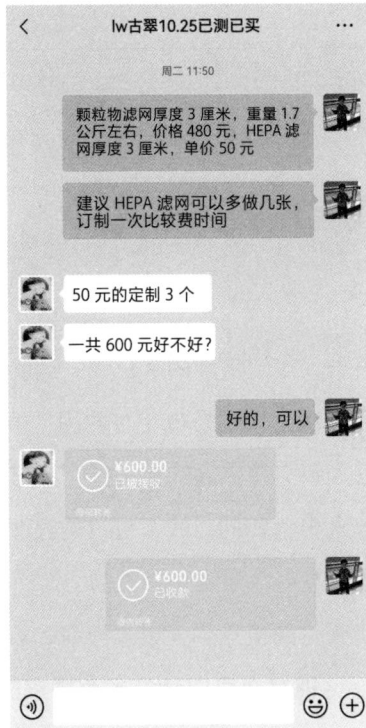

从 9 月 18 日开始第一单生意至今 2 个月时间，流水约 25000 元，纯利润在 15000 元。而且，通过服务客户的转介绍，他的收入还在持续增加。

同时，他还分享了一个小技巧：**告诉客户"马上会涨价"**。前期为了积累客户打开名声，无论是测试还是产品销售、积累销售数据，他都采取了低价策略，然后看看市场反馈，后期肯定会涨价。

这位除醛团购发起人是在某准一线城市，通过兼职的方式来做除醛生意，而另一位四线城市的除醛团购发起人则从"除醛游击队"开始入行，通过努力，已经拥有了自己专业的除醛公司。对于新人进入除醛行业的注意事项，这位朋友也有自己的建议：

虽然大城市看似市场更广阔，但**小城市也有自己得天独厚的优势，那就是入行门槛会更低**。主要有几个原因：第一，因为从业人数少，竞争相对就低很多。第二，小城市的硬件成本生活成本都更低，这意味着预算也可以少很多，这对初入除醛行业的人来说可以节约不少成本。因此，如果预算低又担心失败，寻找四五线甚至更偏僻的城镇作为起点，可能存活的概率会更高。大城市则不一样，因为竞争更激烈，那么"表面成本"就高不少，比如至少看上去要很正规——要有正规的公司，要有更齐全的资质，这样别人才更容易信任你。这也就意味着入行门槛更高了，成本更高了，竞争更激烈了，尽管市场广阔，但是能分到多少蛋糕依然是个未知数。

归根结底，除醛是一项需要线下服务的生意，所以通过特定渠道，主动去寻找精准客户很重要。

其实这个行业背后的逻辑也是非常简单的，因为意向客户就是即将入住的新房业主，那么**怎么去找这种即将入住的新房业主呢？找这些即将入住的新房业主的服务商**。比如说窗帘，因为安装窗帘基本都是装修完成了，类似的还有电器，所以要去找到这种服务新房业主的服务商，然后和他们沟通协商转介绍。如果介绍成功一个客户，就支付对方一定的介绍费或者返点。这对他们来说不过是举手之劳，却能收获额外的收益，大多数都不会拒绝。

在和我们沟通的过程中，这位除醛团购发起人透露了一个让我们出乎意料的信息：

不同的渠道，有不同的侧重，**最有效的渠道之一其实是送家电的小哥**。因为行业的特殊性，家电小哥一天可能要送 2～3 单货，而且送家电小哥和外卖小哥一样，都是有站点、有组织的，一个站点少则 5 人，多则 10 人。他们每天都有机会在这个城市里接触十几位新房业主，不少还是装修接近尾声的。家电都属于大件产品，这意味着业主需要亲自验收，也就是必须和家电小哥面对面沟通，那么让家电小哥帮忙推广，则可能事半功倍。

最重要的是，他们本就是做体力活的，帮忙沟通不会增加太大的工作量，以这种方式轻松获得额外的收益他们一定不会拒绝的。比如介绍成功一户就给他们 100～200 元的介绍费，有时运气好可能比他们搬家电还赚钱，他们何乐而不为呢？

同时，这里面还有个逻辑，送家电小哥在与业主沟通过程中可以假装无意间询问业主："看你最近是入住新家，建议你做下甲醛检测。"

面对这种问题，一般会得到两种回答：第一种就是认为除甲醛是智商税，并不考虑；第二种就是有兴趣了解下或者询问怎么收费。后者就是潜在客户。所以，其实送家电小哥已经筛选了一遍客户，那些不抗拒这个事情或者愿意做的，送家电小哥会把你的电话推荐给他们。但凡打过来的电话，都是极其精准的意向客户了，成单的概率非常大。所以，这种走渠道获客的方式绝对值得一试。假设你在某个城市做除醛公司，只要认识全城几乎所有家电配送小哥，那基本就不愁订单了。

除了送家电小哥，其他与新房交付紧密相关的职业，比如保洁公司的开荒保洁阿姨、做瓷砖美缝的师傅、送家具的物流小哥，以及物业公司员工和保安等，都是可拓展的渠道。**不过不同的渠道，重要性也不一样。**比如窗帘店，它可能就是一个 B 类的渠道。因为它的服务周期长，月接触量少，一般的窗帘店一个月能装 20 户窗帘就已经很不错了。但是对送家电小哥来说，一天送得勤一点可能达到三五套，那么你找到一个站点可能他们一天就要送三五十个业主。你要自己去分类，哪一种渠道他接触的新装修业主更多，我们更倾向于活动型的，因为这个业务覆盖面是全城。

从事除醛行业多年的人，对于行业协会颁发的资质证书，他们也给出了自己的建议：一些行业协会颁发的资质证书看起来比较唬人，**如果预算够高，办一两个资质证书，可以作为锦上添花之用，**一定程度上能增加业主的信任感。但实际作用并不大，就是单纯增加一个看上去高大上的背书而已，这些东西基本花钱就能买到。

总结：

除醛行业确实门槛很低，利润率也很不错，少说也有 50% 左右，多则可达到 80%！兼职、全职都有机会。对普通人来说，这确实是一个值得尝试的业务。

但行业目前比较混乱，鱼龙混杂，想要入行，一定要花足够的时间和精力去了解除醛的专业知识和专业工序。拓客方面，发展好的渠道，比如加入新小区业主群，找到送家电小哥、窗帘店等能够精准接触到目标客户的渠道，往往能够取得事半功倍的效果。

当然，最重要的一点是，在服务客户的过程中，一定要以诚信为本，用专业靠谱的测试设备和真实有效的除醛产品来为客户服务。毕竟这门生意关乎每一个客户的身体健康，客户的口碑是对你事业最好的宣传。

第 14 章
老年食堂：养老产业关键一环

王义

养老服务志愿者的切身感触

刘阿姨是一名社区养老服务志愿者，她退休后，就一直在社区为老人提供居家养老的志愿服务。在她心里，最让她牵挂的还是老人们的一日三餐。"我们这个社区位置不错，周边配套设施也齐全，但就是缺少餐饮店，最近的菜场也在 3 千米外。虽然小区里有卖菜的小店，但品种很少。这里不少老人的子女都不在身边，买菜做饭很不方便。"在刘阿姨的工作中，很多老人都会向她诉苦，希望小区里能够建一个老年食堂，尤其是那些腿脚不便的老人，更是热切盼望有送餐服务。"现在还烧得动饭菜，以后怎么办？"

刘阿姨说，老人们对老年食堂也没有别的要求，只要距离不太远，价格实惠一点就行。"尤其是那些独居老人，我在他们家，看到吃得最多的就是速冻食品。因为一个人烧菜量难控制，烧一次菜要吃两三天，有时候，饭菜都变味儿了。"因为刘阿姨在几个社区都做过志愿服务，所以很清楚老人们对老年食堂的渴望。"老年食堂方便又实惠，生意不会差的。"她举了一个例子，"我以前的同事住的小区里就有一个老年食堂，生意很好。不仅老年人喜欢，年轻人也很喜欢，谁也不想天天吃外卖，食堂的饭菜毕竟干净卫生。都说民以食为天，我真的希望能够有人来关注到这一块，帮社区居民解决这个难题。"

老年食堂有哪些政策红利？

近几年，国家先后出台了不少对老年食堂的补贴政策，国家发改委提出，力争未来 5 年内，大城市老年助餐服务逐步覆盖 80% 以上的社区，特殊困难老年人月探访率达到 100%。随后，各地方政府也相继出台了一系列老年食堂的补贴政策。举例来说，山东省济宁市发布的第二批社区老年人食堂建设补助项目中提到，每个社区食堂补贴 3 万元，但跟面积大小无关；安徽省淮南市田家庵区民政局发布了开办社区食堂的一些补贴政策，其中每个老年食堂在建设方面补贴 4 万元，分 3 年发放，这也是为了规避一些钻政策空子的人。运营方面的政策补贴是根据就餐人数进行发放的，如果每天有 10 ~ 30 人就餐，每年补贴 2 万元；31 ~ 50 人就餐，每年补贴 3 万元；50 人以上就餐的，每年补贴 4 万元。

杭州市临安区老年食堂的政策补贴主要分为两类。一类是对商家的补贴，主要分为建设补贴和运营补贴。获取建设补贴的前提条件是就餐人数必须满 20 人及以上，且年龄在 70 周岁以上的空巢老人，财政局会根据食堂的面积大小给予一次性建设补助。例如面积在 50 平方米以下的补助金额每年最高不超过 3 万元，50 平方米以上的最高不超过 5 万元。并且明文规定：如果把老年食堂挂靠在社会餐饮业和养老机构名下的，不能享受这个政策。

另一类是运营补贴，只要食堂达标，并且每日就餐人数达到 10 人以上，财政局根据食堂运行天数发放补贴。例如一个食堂运行 150 ~ 270 天、270 天以上的，分别给予每年 2 万元和 4 万元补助。如果运营得好，被评为示范性老年食堂，还会额外补贴 2 万元。

综合来看，老年食堂的补贴政策是当地政府根据实际情况来制定的，各个地方政策略有不同。如果单纯从补贴这一块来说，一家老年食堂每年的政策性补贴在 3 万 ~ 4 万元。如果再加上经营的收入，应该还是可以盈利的。

谁都能开老年食堂吗？

社区老年食堂目前多是由各街道、各社区主导招商，但不同地区的民政局对于老年食堂的管理办法也不尽相同。以杭州为例，有些街道将食堂交给第三方非营利组织经营，个人很难参与其中。但有些街道则鼓励个人加入进来，跟经营普通餐饮的流程一样，只不过在注册营业执照、食品许可证以及选好地址后，要与街道办事处签协议。除此以外，还有些社区会将食堂运营交给餐饮企业等。

另外，不同地方开设老年食堂的流程和步骤并不一致，有些地方只是单纯的第三方去运营；有些地方需要自己去选址、装修、申请营业执照等方面的手续，最后还需要与街道办事处协商、签协议，比开普通的餐饮店又多了一道程序；有些地方还需要参加投标。

所以，综合来看，虽然市场体量还不错，相关部门也会给予一定的补贴，但这件事情还是有一定门槛的，并不像大家想象中的那么简单。不仅要求从业者有相关的餐饮经验，不同的地方也有不同的政策，具体情况还是要咨询当地民政局或者街道办事处。

开一家老年食堂，盈利情况如何？

"你还在自己花钱开饭店吗？那你可真是亏大了！政府提供场地，还免房租、配设备，相当于是0成本，低风险创业。""人人都能从养老产业中分一杯羹，尤其是做老年食堂的都赢麻了"……关注养老产业的朋友，对这些话应该是耳熟能详。那么，开一家老年食堂，真的有这么赚钱吗？

我们做了一项关于老年食堂的调查，现在来一探究竟吧。

我们来到一家位于杭州市西湖区的老年食堂时，正好是下午5点半的用餐高峰时间，可食堂里的人并不多。据负责人介绍说：食堂下午4点半就开始营业了，老年人吃饭都比较早，我们来之前已经有两批人吃完了。店内的大屏幕显示，当天服务人数共333人，平均每餐客单价在15.68元，从而可以算出这一天的营业额5221.44元。如果按这个营业额来算，月入156643.2元。

这里需要注意的是，营业额并不是纯利润，那么纯利润究竟有多少呢？我们继续算一笔账，这家店一共有 7 名员工，分别是 4 名后厨、1 名收银员和 2 名服务员，一个月的工资总和大约为 4.6 万元，水电费、材料费，外加其他开支，林林总总加起来将近 1 万元，这样算下来，每个月的可变成本在 5.6 万元左右。

此外，店铺租金也是一笔不菲的费用。你可能会说，既然是政府扶持的项目，为什么还要收租金？据了解，绝大多数老年食堂是要支付租金的，只有养老驿站可以免费使用场地。这家食堂面积约 190 平方米，月租金在 3.5 万元左右。这样，我们就能够算出这家老年食堂一个月的总成本在 9.1 万元左右，净利润为 65643 元左右，一年净赚 787716 元。

然而，你以为就只有这些利润吗？我们开头说过，不同区域对于老年食堂都是有补贴的，西湖区民政局针对老年食堂的政策补贴，分为一次性建设补贴和运营补贴。其中，一次性建设补贴又分为两种：第一种补贴为新建或扩建，且就餐人数满 20 人以上的，补贴 50% 的建设成本，但最高不超过 20 万元。比如新开老年食堂投入成本为 60 万元，最多也只能拿到 20 万元。第二种补贴为非新建养老机构进行"阳光厨房改造"，保守补贴 1 万元，最高不超过 2 万元。运营补贴则是民政局委托第三方验收合格才有资格拿，也就是说，只要运营合格，最低能拿 5000 ~ 10000 元。除去运营补贴，这家食堂每年至少还能拿到 1 万元的建设补贴。照此粗略计算，这家老年食堂一年的利润还是很可观的。

如何克服开老年食堂的困难？

选址难。

对于老年人来说，老年食堂带给他们的便利之一就是离家近，所以一般都会考虑设在街道、社区里。但是，这就产生了一个油烟扰民的问题，另外食堂产生的噪声也会影响周边居民们的日常生活，如何选址并平衡扰民问题是个难点。

成本高。

老年食堂的运营成本主要包括物料成本和人力成本。人力成本前文已经大致做了估算。物料成本一般是一次性投入，食堂后厨的建造和堂食区域的装修就在此类。为了尽量避免油烟和噪声问题，灶头和烟气净化设备的成本就比同等体量的餐厅要高一些，维修更换也更勤。此外，由于老年食堂的价格较为便宜，从经营的角度讲，食材的成本就高了。

经验借鉴：政企结合、拓宽渠道。

老年食堂除了现有模式，是否还有别的商机呢？

我们去了另外一家老年食堂探个究竟。单从这家店里的装修上看，完全看不出这里是一家老年食堂，花 19 块钱点一份广式巴沙鱼套餐，里面有一份清蒸鱼、一碗蛋羹，还有小碗青菜和搭配的小菜，荤素均衡又营养，米饭也蒸煮得十分绵软适口，可见是按老年人的标准来烧制的。据这家食堂负责人介绍，老年人来这里就餐，相关部门是有一定补贴的，60 ~ 70 岁的老年人可以打 8.8 折，70 岁以上的老人则打 7.8 折。也就是说，老年人花十五六元，就能吃上一顿既健康又热腾腾的饭菜。那么，对于经营者来说，这样的单价能挣钱吗？如果按我们前面在西湖区那家老年食堂

205

了解到的行情，盈利是没有问题的。

在走访过程中，我们也了解到，这家食堂也曾经历过低谷时期，负责人就想方设法与其他企业取得联系，并建立长期订餐合作来维持经营，最终扭亏为盈。他还提到，现在都在提养老服务精细化管理，老年食堂的运营也要开拓思路。他与当地政府协商，将自己的老年食堂纳入了养老综合服务项目之一，依托整体化的运营来吸引老年人。现在，他已经开始承接社会活动，如老年人寿宴、聚餐，年轻人的喜宴等，以此来增加收入来源。

老年食堂升级成为社区食堂

老年食堂其实是以关爱老年人为主的半公益性质餐饮，由政府牵头鼓励、政策引导、市场主导、盈亏自负，因此很多食堂都会向社会公众开放以实现盈利。日益增加的食材和人工成本，是食堂长久运营不得不面对的难题。然而在生活节奏日益加快的今天，对于年轻人而言，开火做饭费时费力，天天吃外卖又不健康，如果能把老年食堂的服务外延，变成社区食堂，就能把触角伸向更多更远的地方。

杭州有一家经营了六年的老年食堂，曾经连年亏损，经过不断转型，终于摸索出了一套"中央厨房 + 中心食堂 + 助餐点"的经营模式。中央厨房负责所有菜品的切配和半成品准备，中心食堂则将重心放在配送上，这就摆脱了居民区里开食堂导致的油烟和噪声扰民的困扰，只需要设置在各个助餐点的 15 分钟配送圈内即可。助餐点就设置在居民区里，同时配备有保温设备。

从这里我们就可以看出，经营者打破了传统"老年食堂"的概念，采取集中采购、统一加工、垂直配送的方式，就将服务面覆盖到整个社区。因为空间需求小、设备成本低，配送人员只需要 2 名，大大降低了运营成本。后来，为了增加菜品选择空间，食堂增加半成品菜的配送，居民们可以现场选择需要的菜品带回家，幸福感大大提升。

　　当然，老年人的需求依然是食堂运营方首要考虑的，在一些老年人比例较高的老旧小区，可能无法腾出助餐点的空间。为了解决这个问题，经营者尝试投放移动助餐车，只需要一个停车泊位的空间，就可以让老年人把热腾腾的饭菜带回家。

第 15 章
老年助浴：老龄化进程下的风口

王义

  提到老年生活，你脑海中浮现出的是怎样的场景？行动迟缓、大脑反应慢、疾病缠身……伴随着不可抗拒的衰老进程，很多老人都被曾经视为享受的一件事情困扰，那就是洗澡。

  根据相关报道，截至 2021 年年底，我国 60 岁及以上失能、部分失能老人约 4200 万人，占 60 岁以上老年人口比例约为 16.6%。也就是说，在我国，每 6 位老年人中就有 1 位生活无法自理。由于老人们的身体状况不佳，原本简单的个人清洁工作潜藏着危险，我们也经常听到老人因为在浴室滑倒导致骨折等事故。此外，浴室相对密闭的空间还容易诱发心脏疾病。

助浴行业正在悄然兴起

随着老龄化进程的加快，有人敏锐地发现：给老人洗澡成为潜在刚需，尤其是那些失能或半失能的老人，一个月洗不上一次澡是比较普遍的情况。于是，"助浴师"这个新型职业便应运而生。顾名思义，助浴师就是专门为老年人提供洗头、泡澡、理发、剪指甲等服务的职业，他们不仅能为家属减轻负担，也能为这些暮年群体带去尊严和幸福。

作为背靠养老蓝海市场的新项目，很多人对助浴师并不是很了解，有的甚至从来没听说过。通过市场调研，我们发现，全国三十多个城市中，只有大城市有几家助浴机构。然而，在北京、上海这样的超一线城市，助浴师的预约也要看所在地段。如果是中心城区，上门助浴师比较容易预约到，但外围地区就几乎预约不到了。如果去一二线城市找老人助浴的团队，只有零星一两家，经验也不是很丰富，三四线城市则几乎搜索不到老人助浴服务。

我们知道，一个行业的培训做得是否规范，也是判断这个行业成熟与否的标准之一。那么，助浴师有培训吗？据上海一位助浴师说，公司会安排员工去南京培训，两天的培训费是 2688 元，但学的内容基本都是从网上搜集的素材，跟着视频学习。说是 2 天的课程，实际上 4 小时就结束了。培训主要是对于养老行业的调查分析，以及通过网络视频介绍助浴过程，学员真正能上手练习的时间几乎是没有的。类似这样的培训其实还有不少，3 天的培训价格基本都是在 3000 ~ 6000 元。

虽然目前助浴师行业还不为大家所广泛了解，从业人员少，培训水准也参差不齐，但不可否认的是，市场的需求量是巨大的。美团发布数据显示，2021 年"老人助浴""老人洗澡"等关键词搜索量同比增长 808.06%，

"老人助浴"订单量同比增长 1450%。消费者对于老人助浴的意愿也很高，尤其对于那些无法长时间陪伴在老人身边的子女，找专业的助浴团队帮父母洗澡，也可以说是刚性需求了。可以说，纾解老人洗澡之困，是一个庞大却隐秘、沉默的角落。有需求、市场大、竞争小，所以，越来越多的人开始关注助浴师，从而一步步推动这个行业朝标准化、规范化、专业化方向健康发展。

助浴师不仅仅是洗个澡那么简单

在辽宁锦州有这样一个团队，他们最开始做的是浴缸业务，凡是购买他家浴缸的，都能得到助浴业务的免费教学。通过这样的模式积累了一定经验后，他们转而开始做助浴业务。在一年的时间里，他们从最初的一个团队，发展成为拥有四个自营团队的公司，在全国范围内，也已经培训出来几十个团队。他们依托自身的浴缸业务，实现了标准化运营。

团队创始人表示，对他们来说，起初最根本的事情是解决自己的生计问题；再进一步想怎样把这件事情做到精益求精，让老人的感受度更好。他们的收费标准定在 298 元一次，每周服务 30 ~ 35 位老人，半年差不多能达到 1000 人的服务量。在三四线城市，一年的纯收入能达到十几万元，但这不是一个人赚的，是三四个人一起。如果去一二线城市，单次收费一般都要 400 ~ 600 元，利润也就更大了。如果按照锦州这个团队的价格来做一个估算，平均一天服务 4 个老年人助浴，单人单次 298 元，一年的流水在 40 万元左右，对比当地收入来说，这个数字已经是很不错的了。

那么，锦州团队的前期投资成本高不高呢？负责人透露，老人助浴项目前期需要投入的成本主要有两方面：一是设备费用；二是人员费用。市面上的助浴设备大体分为两种类型，一种是便携式浴缸，是专为上门助浴设计的。除了便于携带，由于是硬性材质制作而成，在洗浴时，对老人也会起到很好的支撑作用。这种浴缸的售价一般在 12000 元左右。还有一类比较常见的是充气式助浴设备，全套售价在 3000 元。这种设备与前者相比，因为是橡胶材质，故而对人体的支撑性会差很多。此外，因为团队一般是上门服务，所以有车辆需求，锦州团队开的是 5 万元以内的二手面包车，油费是 1 万元左右一年。

人员费用方面，一个助浴团队需要 3 个助浴师傅一同上门服务，其中要有男有女，锦州的工资标准是 3000 ~ 5000 元。如果是在北京、上海，工资标准则在 8000 ~ 12000 元；杭州、成都这样的一线城市，平均工资在 8000 元。如果你想要了解所在地区的助浴从业者工资水平，可以打开招聘软件，搜索"服务员"或者"保洁员"，按照当地服务人员的工资标准来计算。

现在，我们就按照锦州这个团队的情况来计算总体成本：浴缸成本是 12000 元；工作人员按照 3 位来计算，每月的人工成本也是 12000 元左右，一年是 15 万元。如果不算车辆费用，前期投入 3 万元，就可以参与到这个项目中了。按照锦州的这家收费标准，全年流水 40 万元，一个团队净利润达到十几万是没什么问题的。锦州这个团队目前收费是 298 元一次，包含了洗浴、理发、修剪指甲等全套服务，属于行业的中下收费水平。目前，助浴市场单次价格还是以 400 ~ 500 元居多。

由于老年助浴行业的特殊性，在努力提高利润的同时，也要考虑到规避风险。这就需要这个行业足够规范、足够专业，而不是说搬个小床或者扛个盆子就去给人洗澡。所以，注意把控好助浴的规范性非常重要，而这种规范主要体现在一整套清晰的流程。

助浴师们的一天

为了更深入地了解助浴师们的工作情况，我们花一天时间，跟随锦州的 Z 先生前往老人家中。Z 先生从事老人助浴行业已经有大半年的时间了，累计为老人助浴次数超千次，是一名非常成熟的助浴师了。他说自己踏进过满地狼藉的房间、抚摸过结块变硬的头发、遇见过大小便失禁的老人……每一次助浴的经历，不仅仅是为老人们洗澡，更是一个帮助老人重拾尊严的艰难过程。

第一件事：购买服务，签订合同。

早上，Z 先生接到客户电话，有老人家属准备购买助浴服务，Z 先生首先让客服与家属沟通，了解家庭住址、老人年龄、身体状况等基本情况；同时告知家属，尽量保持室内温度在二十四五摄氏度。Z 先生说，考虑到老公房条件比较差，所以他们也随身带了采暖设备。随后，Z 先生就带着 3 名助手开车前往。到了老人家中后，他们先是为老人测量了一下心跳、血压等基本体征，然后就拿出了免责协议一式两份，与家属共同签署。签完协议以后，居家助浴服务告知书也一并给到家属。签协议的同时，助手则在一旁抓紧时间组装变体式浴缸。一般来说，对客户的要求就是有场地和热水器即可。

关于热水器，Z 先生特别给我们做了说明，泡澡过程用的都是客户家的热水器，有的是燃气热水器，它会一直保持水温状态。但如果是储水式热水器，他们就会提前关照客户把水烧得热一些，这样在洗澡时，可以往里头加一些凉水。之后，在泡澡的过程中，热水器会继续加热，给老人冲洗时，新一桶水就已经烧好了，这样就能满足用水需求。

第二件事：正式助浴。

十几分钟后，准备工作完成。今天第一位老人的身体状况还可以，可以自己行动，助手只需要搭把手，把他挽到升降网垫上，避免了身体磕碰的风险。等他躺下后，助浴师们为他盖上毛巾。这次带去的是分体式浴缸，有一个机械升降的装置，它不是直接降到浴缸底，或者直接下沉到水里，是一个缓慢的移动过程。看得出来，老人第一次由助浴师帮自己洗澡，有点紧张。Z 先生让老人的脚先接触到温水，因为水温合适，老人渐渐放松下来。Z 先生说，温水带给人的舒适感是天然的。慢慢地，温水开始浸润到全身。此时老人已经适应了水温，身体不再那么僵硬，变得柔软舒展起来。

一般这个过程在 15 分钟以内，因为老年人的身体不适合长时间泡在热水里。接下来就轮到 Z 先生为老人搓澡和沐浴，只见他手法尽量轻柔，用低刺激性的洗发液轻轻地为老人按摩洗头，并不时询问老人的感受，非常有耐心。另一位助浴师则在一侧为老人家按摩肢体，放松肌肉。分体式浴缸与充气式浴缸最大的差别就在于材质，分体式浴缸的支撑性强，安全系数高，但刚开始做助浴的团队往往会选择充气式浴缸，毕竟价格只是分体式浴缸的 1/4。

第三件事：结束助浴，推荐购买会员或浴缸。

因为老人和家属都十分配合，这一单的助浴前后只花了 1 个多小时。浴缸自带独立排水系统，洗完澡后可以直接把脏水排掉。洗完澡，助手还为老人简单理了一下头发，修剪了指甲，去一下死皮。老人和家属对 Z 先生团队的服务十分满意，直接在现场办了会员卡，以后如果再需要购买助浴服务，就可以享受会员优惠。前期与客服联系后，就能直接派单了，十分方便。客户还对分体式浴缸十分感兴趣，因为老人使用体验很好，他们想自己也能购买一台。因为 Z 先生对浴缸销售很熟悉，便向他们介绍了产品重量、尺寸和配套设备等。Z先生说："客户自行购买这种助浴浴缸并不多见，但家庭条件如果许可，我们也鼓励他们购买，这样能够便于家人日常帮助老人沐浴清洗。当然，我们会推荐他们购买售后服务比较好的商家，对他们也是一种保障。"

结束了这一单服务，Z先生和助手们匆匆赶往某社区养老院。在开车前往的路上，我们与团队聊起他们是如何组建起来的。Z先生说，主要还是通过招聘网站发布招人信息，人员要求包括身心健康，要有健康证，没有精神病史和传染病，还要善于与人沟通和交流，最重要的还是面对不同的老年人，知道应该怎么去处理。目前市场上成熟的助浴师还是比较少的，更多的还是需要先招聘再培训。学习的过程肯定是老带新，许多东西只有实际上手操作了，才会有切身体会，光说是没有感觉的。培训内容除了技能培训，还要求助浴人员具有一定的急救知识和技能。

通过服务实现客户自发裂变

有了设备，有了助浴技术，真正投入到老人助浴的行业中后，第一批客户怎么去找呢？一般有三种途径，第一种是联系当地养老机构合作开展助浴业务。Z先生服务的社区养老院就属于这种类型，他们最开始是帮养老院的老人免费洗澡，然后工作人员对他们的服务不断提出宝贵意见。经过一次次摸索和调整，整个团队的技术和沟通水准也不断提高，养老院就与他们签订了长期合作业务。第二种是在社区群内发布广告，内容包含服务内容、价格和联系方式。第三种还是通过社区，开展节日免费助浴体验，获取客源信息。有了第一批顾客打基础，就要做好长期服务工作，只要他们觉得好，复购是很自然的事情。

老人助浴项目想要有源源不断的客源，我们通过调查总结出以下几个要点：

1. 已有客户裂变获客，做好服务是王道。

这一点可以从细节入手，比如在招聘人员的时候，选择为人热情且亲切的服务者。在上门洗浴时，尽量做到规范，包括进门时问好，洗浴前后和老人聊天。如果找不到话题，不妨和老人一起聊聊从前，毕竟上了年纪的人都是很爱回忆的。老人助浴项目带给老人的是尊重与体面，带给家属的更是一份温暖，所以只要服务得好，想要客户转介绍并不难。

2. 短视频获客。

把上门助浴过程用视频的方式拍摄下来，时间在十几秒左右就可以了，发布在抖音、快手等短视频平台上。视频发布后多注意后台私信留言。遇到意向客户的话，及时取得联系。不过，这种方式要事先征得老人和家属同意，拍摄时以设备准备、前期沟通和老人反馈为主。

3. 移动广告位获客。

比如可以在车上贴上"老人助浴""上门帮助失能或半失能老人助浴"等信息，同时把联系电话留在车辆上。对于本地服务来讲，也不失为一种有效的传播手段。

老吾老以及人之老，助浴行业方兴未艾，居家养老是我们每个人即将面对的未来。上门为老人助浴，注定会是老龄化社会的刚需项目，助浴师们洗去的不只是每位长者身上的尘垢，更是在维护他们晚年的体面与尊严。

第 16 章
助贷服务，帮用户厘清贷款流程

羽森

0 投入，一单利润过万元

如果有人告诉你不需要投入一分钱，只需要发发朋友圈、打打电话，一个月就能收益破万元，你信吗？如果有人告诉你，通过这样简单的方式，一年能赚取七八十万元，你会不会觉得这个人在骗你？

如果你了解过助贷服务行业，你会发现，整个行业佣金比例在贷款额度的 1% ～ 3%，做得好的业务员一年收入能到达数十万元。

看到这里你会不会有点震惊：如此看上去不起眼、操作简单的业务，居然有这么大的利润空间？

此时你心里会有许多疑问：现在开始做这一项业务还来得及吗？普通人是否有机会做这一项业务？如果想做这项业务应该注意哪些问题？别急，你想知道的答案都在这篇文章里！

216

为什么大家不直接找银行贷款？

在正式进入这个行业前，我们需要对行业有个初步了解。比如为什么会有助贷公司？为什么大家不直接找银行借钱，而需要支付一定佣金找助贷公司？

对过去几年世界以及中国经济有一定了解的人，都不难发现一个问题：全球经济整体下行，不论是公司还是个人，许多人难免会在某个时间点遇到资金紧张，此时借款便是绕不开的话题，而银行显然是借贷的首选目标。

你可能会疑惑：直接找银行借钱就行啊！为什么非要多花一笔钱找助贷公司呢？我们先来看看一名曾经通过助贷公司借款的朋友的案例。

根据这位朋友介绍，他起初和大家的第一反应一样，直接找银行借钱，在填写了一堆资料后，却被银行告知：不符合借款条件！

由于当时对资金需求很紧急，他只能求助于助贷公司，想着自己申请失败，本来也不抱太大希望，没想到的是助贷公司居然帮他通过正规的流程，合法合规地贷款 20 万元。当然，他最后也支付了 1 万元作为佣金。

不过他还是想不通：为什么银行不能直接借给自己呢？这样他便能省下 1 万元了。

对于这个疑问，我们找到一位商业银行负责信贷业务的经理，他告诉我们：很多银行为了把控风险，更倾向于和第三方公司合作。

从个人角度来说，直接找银行借钱，能快速直接满足自己的需求。但是对于银行来说，还需要考虑一些更现实的问题：借款人的背景如何？能否及时归还相关款项？如果不能及时收回相关款项该怎么办？这个时候，第三方公司的优势便体现出来了。

首先，第三方公司可以为银行工作人员免去找业务的时间成本。银行工作人员有限，内部本身就有许多工作需要完成，那么客户该如何寻找呢？第三方助贷公司无疑有更多渠道去获得客户。

其次，第三方公司可以更精准地为银行筛选客户的背景与信息。银行每借出去一笔款项都是非常谨慎的，如果客户不能及时还款，那么坏账的风险便转嫁给银行了。而一个客户的背景调查也是需要花费大量时间与人力的，这部分工作交给第三方助贷公司进行，银行可以节省大量的时间与人力。

最后，第三方公司能分担风险，降低银行不能及时收回款项的风险。通过助贷公司转介绍的客户，其实相当于默认助贷公司已经完成了初步的风险评估，可以与借款人共同承担风险。有了助贷的公司的前期筛选和担保，这样逾期还款和坏账风险就会更小些，所以贷款也就更容易通过。

综合以上三个方面考虑，银行更倾向于与助贷公司合作来进行借贷业务。当然，助贷公司为银行省去了许多烦琐的环节，还能承担一部分偿还风险，银行自然也会给予助贷公司更多的优惠政策。比如助贷公司可以拿到比个人直接申请更低的利率，相当于以利率换取更低的风险，可谓互惠互利。

以上是从银行角度来看第三方公司的优势，其实从个人角度而言，第三方公司优势也是很明显的。

一位曾以个人名义去借贷的朋友告诉我们的调查员，因为对相关业务不熟悉，自己去了不同银行查询征信，发现不仅无法拿到贷款，甚至到后面利息也越来越高。这让他非常疑惑，直到与助贷公司相关的工作人员沟通才知道问题所在。

对于许多初次贷款的人来讲，对贷款的相关事项并没有清晰的概念，既不清楚市面上有哪些贷款产品，又不清楚哪些产品才是真正适合自己的，便会出现盲目去不同银行系统查询和申请的情况。

但许多人不知道的是，这背后有个极大的风险：银行的征信系统是相通的，如果**工作人员在审核资料的时候发现个人查询许多次征信却依然没获得贷款**，便会谨慎对待这名客户。因为他们会认为你在不同银行查询这么多次，却没有获得贷款，说明其他银行同样认为你个人征信存在很大风险，那么自然不敢借款给你。于是整个过程便可能陷入一个恶性循环，最终你无法从银行获得贷款。

而助贷员能够根据贷款人的资质情况，匹配一个适合的银行，从而帮助贷款人避免因为自身盲目申请，导致影响征信，最终无法下款。这对于确实需要资金周转的朋友来说，还是很有帮助的。

寻找机会：如何找到靠谱的助贷公司入局？

每个行业的快速发展过程中都难免遇到问题，助贷行业亦是如此，良莠不齐是不可避免的事情。作为个人，不论是需要借款还是想从事相关行业，都需要擦亮眼睛，找到靠谱的助贷公司。

为了对行业的规范有更深刻的认知，我们特意扮作借款人，与一家助贷公司进行了电话沟通。在得知我们需求后，对方提出佣金只需要2%，利息只需要7厘，比银行都低。当对方提出这个条件后，其实我们已经心存疑虑了：如果对方按照这个标准收费，根本不可能有收益，总不能是活雷锋吧？

果然，在后续对接的过程中，越来越多的问题暴露出来。

我们前往这家公司进行面对面沟通的时候，接待我们的并不是业务员，而是一位自称助贷总监的人。这位总监表示：在核对过相关信息后，他们发现不能以 2% 的利率贷款，因为我们有过信用卡申请的记录，需要支付 5% 的服务费才能申请。同时，利息也不是电话中说的 7 厘，至少 9 厘，综合下来可能需要 1 分 3 厘。

对方这种说法让我们有些无语，便与对方交涉：电话沟通的时候利率和收费标准并不是这样。旁边一位办理业务的客户闻声也走过来，表示遇到了类似的情况，也是被所谓的"2% 的收费"骗过来的。

对于这种现象，一名助贷公司的高管表示：行业整体的质量确实参差不齐，有些小公司因为业务量不高，为了吸引客户，便可能利用低客单价吸引客户，随后利用客户急需用钱的心理，临时进行加价，让客户吃哑巴亏。

这名高管表示，这和大家熟悉的阴阳合同是一样的道理。这些助贷公司的工作人员会先了解客户借款的用途，故意卡到用钱的前夕，告诉客户：因为这种或者那种原因，需要加收额外的服务费用，否则可能无法放款。

客户本来就急需用钱，而且经过几天的等待，已经没有别的选择，不得不接受助贷公司提出的无理加价要求。当然，可以想象的是，客户以后恐怕也很难去信任助贷公司了。

这名高管还透露：对于行业内这样的情况，他们也有些无奈。但每个行业都有这样一群人，他们用一些见不得人的手段破坏着行业的信誉，也践踏着客户对行业的信任。

普通人如何去分辨助贷公司是否正规、是否靠谱呢？其实只要收费在某个合理的区间，那么大概率便是一个正规的助贷公司。

一般来说，正常客户资质只要没问题，一般是 3% ～ 5% 的收费区间。如果是抵押借款的，则是 1% ～ 3% 的收费区间。

当然，也有一些有瑕疵的客户，可能自身的条件不是很好，在原有收费的情况下再增加 1% ～ 3% 的成本，因为助贷公司需要承担更大的风险。

不过整体来说，30% ～ 40% 的客户资质都没有问题，50% ～ 60% 的客户资质可能有一些瑕疵，不过都没有关系，最重要的是公开坦诚，能如实告知自身情况。助贷公司也会和客户说清楚，合同上的成本是多少、费用是多少，相比一般人可能增加哪些费用。如果能接受这些条件再签协议。不管怎么样，正规的助贷公司是不会在约定好相关收费后，再在后期以各种理由加钱的。

对于想从事这一行的人，找正规的公司入职做助贷员其实也是一样的道理。你可以假装客户上门去了解，首先合同必须要正规合理，费用是明码标价，没有阴阳合同，也不会各种临时加钱。

当然，除了这些条件，也可以观察一下这家助贷公司的软实力。这是什么意思呢？比如他们的着装是否统一？接待人员是否与电话沟通的人员一致？甚至你还可以货比三家，跟同行企业了解一下，毕竟同行之间都会有一定的了解和认知。

最好寻找有一定影响力和品牌知名度的企业，比如在全国各地有分店的，这种相对来说会更稳妥、更靠谱。

这位助贷公司的高管提醒广大准备进入这行的朋友：一定要事先跟助贷公司谈好费用，明码标价，不能有隐藏收费。

准备入局：从身边做起，从低薪走向高薪

选择好靠谱的助贷公司入职后，应该如何开展业务，尽快获得第一桶金呢？

助贷公司的高管告诉我们：**其实最好的资源一直都在身边，每个人都是一座巨大的资源库，只要经营好了，就可以带来庞大的利益。**遗憾的是，许多人没有留意，或者没有去挖掘。

这位高管以社区举例，如果一个人是做社区服务的，那么自然会跟许多小区和物业打交道。其实许多人是有需求的，只是可能没有发现身边有提供相关需求的人，如果你可以成为这个人并让他知道甚至记住，那么他遇到类似的需求，第一时间一定会想到你，找你咨询。很可能你的第一单就来了。

所以，我们常常提到一个概念：私域运营。朋友圈和各类群是你最好的展示平台，不用每天铺天盖地地去宣传自己，因为那样可能反而会被人屏蔽甚至拉黑。只需要时不时出现，告诉大家你的业务是什么，让大家对你有印象，在有需要的时候能尽快想起你。

根据助贷公司高管透露：不少人入行前甚至不知道自己有哪些朋友有这一方面的需求，入行后才发现原来这一行潜力这么大，潜在客户这么多。到后期越做越顺手，甚至不少客户还都是转介绍来的。

其实，这种情况很正常，毕竟中国各行各业的市场需求都很庞大，再加上近几年经济不景气，需要资金周转的公司或者个人也越来越多，这个行业也自然隐藏着巨大的机会。**如果你可以找准时机入局，也许将成为你改变命运的一个决定。**

但俗话说得好：隔行如隔山。也有人会担心，进入这一行后可能收益

并不理想，那么小白进入这一行收益究竟如何呢？

我们随机采访了一位入行半年的助贷员，在问到入行后收益时，对方表示入行前两三个月确实很艰难。每天打电话、发朋友圈获客，每个月也就两三万元的业务。但随着时间的推移，业绩越来越好，客户也越来越多，后来每个月能有八九万元的业绩。

这名助贷员告诉我们：这一行业务基本都是靠朋友介绍，到后期有80%的业务都是通过转介绍获得的。

整体来看，助贷员的收入还算不错，前期每个月两三万元的业绩，到手的佣金其实就已经过万元了；后期平均七八万元的业绩，到手佣金可以达到三四万元，也算非常不错的收入了。

门槛低、效益高、机会大，所以，如果你现在想要找一个高收益的赛道，助贷无疑是一个不错的选择。

那么，作为一个有一定成熟度的行业，小白如何快速走上致富之路呢？有哪些经验值得借鉴呢？你需要了解一个问题：助贷员具体的工作到底是什么？流程是怎么样呢？

工作流程：助贷员本质是服务员

大家听到助贷员这个名字，能大概猜到工作内容，但很多人可能还不知道，助贷员具体工作流程是怎么样的。

首先，我们需要明白一个常识：**房抵基本上都是银行的，没有民间的。**而助贷员要做的，就是协助客户去银行做抵押贷款。

本质上来说，助贷员只是一个中间人，这个岗位不需要去放贷，也不需要每月去收债，因为和这笔钱在合同上有直接关系的，只有银行和客户，所以助贷员只是提供信息和服务价值，收手续费办事，至于后面的，就是银行和客户之间的事了。

助贷员的工作基本流程是怎么样的呢？在这里我们举个简单的例子，让大家对这个岗位有更直观的理解。

假如有位王先生，最近手头有点紧，需要一笔高额的贷款，他手上有一套300万元买的房子。他准备好了贷款材料：身份证、房产证、工作和收入证明来到银行。银行会先在系统上查一下王先生的征信报告，看一下资产负债、有没有偿还能力这些情况，做一个风险判断，再决定要不要提供贷款。如果判断王先生要求的贷款额度太高，他很有可能还不起这个钱，银行肯定不想留一笔具有坏账风险的贷款，这笔业务就到此结束了。

不过幸运的是，王先生本身没啥问题，信用也正常，那么就会进入下一步：评估阶段。银行会对这套房子进行评估，也就是评估用于抵押的房子值多少钱。当然，这个不是按王先生购买时的300万元来算。因为房产价值肯定是会有波动的，所以客户经理会先去做一个调查评估。

经过专业人员评估，王先生购买的房子地段不那么好，最后评估下来，300万元买的房子，银行估值的结果是200万元。王先生觉得200万元这个评估价值也可以接受。

但需要注意的一点，银行不是直接按这个200万元来放款的，他们还会打一个折扣。给王先生的这套贷款方案里，只能提供100万元的贷款额度，也就是打了个对折。

银行提出这个额度，王先生就不干了：抵押房子能贷出来的钱太少了！

其实像王先生这样的最后没贷款成功的人有很多，有的在第一步就被卡死了，比如征信上出了问题，银行不愿意放贷；有的是偿还能力不够，银行会觉得他还不起钱，就不提供贷款。

而到了第二步的人也可能会遇到一些问题，要么是像王先生那样觉得额度太低了，要么是觉得利息太高不划算，再就是对时间年限不满意。

一位助贷公司的高管告诉我们：每个银行的产品有各自的优势，有些银行是年限长，有些银行是利率低，有些银行主打的是额度高。而客户的需求也不一样：有些客户要贷高额度的；有些客户在乎成本要求低利率；有些客户则希望年限长可以稳定偿还，因为是上班族，觉得3年、4年、5年都太短了，他想要10年期的。

就像我们开头提到的那样：**助贷本质上就是提供服务，有需求自然就有服务。助贷员更像是银行和客户之间的润滑剂，可以通过分析客户的需求来匹配相应的银行资源，提供一个互惠双赢的解决方案。**

那么，我们继续接上面的话题，助贷员给王先生找了一家长期合作的银行，一般房屋抵押贷款评估之后的打折额度在50%～70%，像之前那家银行就是50%，只能贷出100万元。但有些助贷公司因为和银行有合作关系，可以到70%。也就是说200万元可以贷出140万元。看到这个额度，王先生终于同意了。

之后的流程就简单了：签完抵押合同后，王先生去房管局登记，出一个资产登记证明，最后和银行签订借款合同，这140万元就发放下来了。

整个流程在5个工作日左右，需要注意的是，如果抵押的房产是按揭房，也就是贷款时尚未还清贷款的房子，还需要先把欠款结清，才能往后走，这样会多花上几天。

那么，这样一单助贷员可以拿到多少佣金呢？因为王先生最终成功贷出了140万元，如果按照行业平均的2%手续费来算，助贷员可以获得28000元收益。

有人可能就会问了：结果对王先生来说，只是花28000元多贷了40万元？其实对应急资金有需要的人来说，多 40 万元甚至可能是救命钱！

也有人会说：客户基本上都不知道怎么开始的就做完了。

其实客户并不需要自己去摸索所有的流程，因为他给了助贷员服务费，助贷员把所有的事情帮他办好，他需要的只是配合。客户找到助贷员正是为了享受服务，节约时间成本。

做助贷员的三种方式：你甚至可以兼职做助贷

通常来说，做助贷员有三种方式：在助贷公司全职上班，有资源自己做兼职，有条件甚至可以自己开公司。

先谈谈前两种方式，不管是全职还是兼职，首先要找到一个靠谱的公司。

我们不妨在网上看看助贷员业务的招聘情况，假设某公司提成点数最高为 40%，那么以上文的例子一单 28000 元的业绩来说，实际到手能有 11200 元，有人会疑惑了：为什么只能拿到这么点呢？剩下的 16800 元去哪儿了？

一部分资金是作为公司的收益，而另一部分则可能花费在签约的其他环节上。有些助贷员的岗位职责是联系客户、安排面签、维护客户。那么后续的业务跟进，陪客户到处跑这些环节，是由其他业务员处理，自然也有一部分钱会分给这个业务员。

打算做全职助贷员的朋友还需要注意一点：是否有底薪，以及这个底薪是不是无责任底薪。因为刚入行的适应期每个人都不一样，假设入职的是责任底薪的公司，如果没有做出业绩，公司是不会给底薪的。所以，最好还是选择无责底薪的公司，有个保底薪水。

还要注意一点：上文我们讲过这个行业的乱象，有的助贷公司前后收费不一样，抓住客户急需用钱的痛点，人为制造一些焦虑让客户妥协。这种公司非常容易出问题，所以肯定是不能去的。

兼职助贷员，要怎么和助贷公司谈合作呢？我们在网上找到几家助贷公司，提出了合作意愿，于是有两家助贷公司提出下面两种分成方法：

公司A： 一般是2%。如果你想要提成，我们再帮你加1%，这部分给你。

公司B： 如果客户资料都齐全，我们就收1%的成本——我们公司1%，你1%，那就是你的分成了。

公司A的意思是，在他们自身利润不变的情况下，多要客户1%的佣金，作为兼职人员的提成。比如顾客如果最后成功贷款了100万元，本来按照正常比例，顾客到时候支付2万元佣金给助贷公司就行，但因为有助贷员需要分成，所以多向顾客收取1%的佣金，作为兼职助贷员的服务费。也就是说，你将从这一笔订单中收取1万元佣金。

而公司B的意思则是五五分成。比如顾客如果最后成功贷款了100万元，支付2万元佣金给公司，公司留1万元，你拿走1万元。

因为有的客户信用存在"瑕疵"，服务费就会稍高，所以在和助贷公司谈的时候，按比例来算比较合适。比如客户要付4%，你可以从助贷公司那儿得到2%，也就是一半。这种情况下，这个比例在50%～60%都是合理的。

为什么这么说？我们在之前的招聘信息里也看到了，全职业务员的最高提成是40%，这一部分人本身就是拉业务的。而兼职对于助贷公司来说，相当于不用给底薪、不用给资源的业务员，那么提成肯定是要比全职业务员高的。

最后我们聊聊想自己开助贷公司的方式。这里需要注意的是，如果是自己做，除了要熟悉上面的助贷流程，还要了解相应资料和对应的银行产品，所以自己开助贷公司其实要求非常高。我们在调查之后还是建议最好从兼职或者全职做起，先对行业和银行有更多了解，并且拥有一定资源后，再考虑自己开公司会比较好。

业务技巧：与客户建立信任关系

作为一个刚刚从事这一行业的助贷员，多听前辈们的建议和经验，可以少走很多弯路。

经验一：将银行产品吃细吃透。

一位有丰富经验的助贷员告诉我们：成为助贷员第一步不用做别的，先将银行产品都背下来。一般来说，银行产品差不多要熟悉一个星期，后面有客户才开始慢慢跟进。

因为是小白，刚开始面对客户很可能会紧张，所以在一开始的对接中，一定要将客户的问题记下来，了解清楚后再给客户回电。将问题解决掉，这也是一个让你迅速进入行业和学习的过程。

一般来说，客户主要关心以下几个问题：借贷的利率是多少？我能贷下多少额度？我的征信有哪些问题？我需要准备哪些材料？目前这种情况能不能贷款成功？

对助贷员来说，这些问题都是可以提前准备好答案的。前期就是一个不断熟悉业务、积累的过程。想要把业绩做好，最有效的方式就是提升自己的专业能力，从而获取客户的信任。

这名助贷员告诉我们：这一行一定要跟客户建立信任感，因为会涉及大额资金，只有客户认可你专业的情况下，才可能会通过助贷员找银行借贷。在日常生活中，客户会接到很多电话，如何通过短短的一通电话吸引客户注意，并让客户认可助贷员的专业度，这是需要有极高的沟通技巧和深厚的专业知识的。

建立信任感后，客户便会愿意和助贷员沟通更多。因为能持续聊下去的客户，基本都是有贷款需求的。既然有需求，那么助贷员面对的问题就是如何去满足客户的需求。

在这个过程中，助贷员需要针对客户的要求，像是利率、额度之类的信息，给出参考建议，让顾客相信助贷员的专业能力，最后及时约顾客进行线下沟通。

经验二：借助线上渠道获客。

在互联网高度发达的今天，打造自己的 IP，利用自己的 IP 获客也是一种很好的方式。在线上平台发布一些关于行业内解惑的专业视频，可能会吸引一些有需要的客户。一部分人会通过平台填写或者后台私发联系方式，回访之后便很有机会获得对方的认可。因为在平台发布的内容已经展示了自己的专业知识，电话沟通则可以打消对方的疑虑。

需要注意的是，线上获客这种方式虽然不错，但因为互联网的无地域性，客户大多都是外地的，而房屋抵押贷款只能由当地的银行来做，如果没有当地的银行资源，或者当地的银行产品特别差，也是做不了的。但随着经验积累、人脉增加，外地业务也可以推给当地的同事来做，交换一下资源，实现互惠共赢。

经验三：做好售后细节，提升转介绍的可能性。

上文我们提到，成熟的助贷员 80% 订单都可以来自转介绍。为什么客户愿意把别人介绍给你？一是你办事专业、靠谱；二是你收取的手续费合理，客户能接受。

所以对于助贷员来说，除了前期的积累，后期客户的维护也很重要。比如在了解客户贷款情况后，定时提醒他去还款。大部分客户都是在 15 号或者 20 号还款，你可以设置一个闹钟提醒，在这一天提醒当天需要还款的客户。这样细微的举动并不会花费多少时间和精力，但会让客户觉得你对他们很上心，对他们特别负责任，有可能会复购，也可能把你转介绍给他们的朋友。

还有些助贷员逢年过节的时候会给客户送礼，大客户可以送三四百元的礼物，这一点做过销售的应该不陌生。礼物是小东西，但它带来的价值比这几百块钱高多了。随着你不断积累客户，维持住客户关系，后期就可以通过转介绍来做业务了。

助贷这件事情，前期是不用投入多少资金的。最大的成本就是你的学习时间。大部分人对"贷款"这两个字是很警惕的，所以需要你装备足够多的专业知识，针对客户的问题进行解答，打消他们的顾虑，建立信任感，他们才愿意和你有进一步的沟通。

前文也说到房屋抵押贷款，对于外地的客户跨地区并不好办，所以如果遇到这一类业务，不妨推给当地有资源的同行。那么对方未来在遇到类似情况时，便可能将相关资源再推荐给你。

所以在做助贷员学习专业的过程中，也可以努力去拓展自己的人脉资源，与不同地方的助贷员多交流、多沟通，提升专业性，也为未来合作打下基础。

第 17 章
头发回收：10 倍利润空间，
人人都能做的小生意

商业小纸条 real

如果你留意过网络上一些博主的动向，那么你会发现一个很有意思的现象：不少博主与理发店合作，收取店里顾客理发后的头发。许多人不知道的是，这背后其实暗藏着一条不被人注意的产业链：头发回收。

每个人都有理发需求，但很少人会发觉它是身边触手可及的暴利小生意。它有多暴利呢？说一个数字也许大家会吓一跳：网上有博主花 1000元左右收购的头发，转手能卖 10000 多元！

只需短短一天时间，创造了 10 倍的利润空间！更有甚者"三年换车，五年买房"。这是怎么做到的呢？这背后到底有怎样的学问呢？

现状与背景：超过 2.5 亿人的刚需

说到头发回收，你第一反应可能是此前在网络上非常流行的一种说法：头发回收后会被黑心作坊另作他用，赚取高昂的差价！

自从 2008 年以来，国家陆续颁布政策以及大力的监管，"毛发酱油"基本已经销声匿迹了。所以，大家不必担心头发会成为黑心产业链的一部分，头发回收目前已经是回收行业中非常重要且合法的一个类别。

那么，回收的头发会被用来做什么呢？

目前市面上所有回收的头发，主要有两个用途：一个是制作假发，一个是提炼氨基酸。

可能许多人不知道的是，**全世界 90% 以上的假发都在中国生产，而其中很大一部分，是用真发制作而成的假发。**如此强大生产力背后，是庞大的市场需求。

根据卫健委 2019 年发布的脱发人群调查，我国脱发人群近年来直线上升，人数早已超 2.5 亿。而且随着生活压力的增加，脱发现象已经普遍存在于 80 后、90 后当中，相当一部分人对假发的需求是非常大的。

加上类似特殊人群（如特殊病症人群）、海外需求、表演道具、玩具加工等渠道，假发市场不可谓不大，绝大部分回收的假发都用于这些用途。

而从假发中提炼的氨基酸一般则用于饲料厂生产饲料和一些工厂企业生产焗油、烫发的产品。

利润空间：最多可获超 10 倍利润

有人说：**许多真正赚钱的行业都在自己身边，只是往往被我们忽略。**头发回收便是这样一个行业。

在我们与一些理发店的工作人员沟通的过程中，这个行业背后可观的利润逐步浮现。

一位商家告诉我们：以一段 50 厘米左右用于接发的头发为例，他们卖出去的价格在 100 ~ 200 元。而重新回购修复与处理过的同样长度的头发，便要花费 700 元左右！

另一位理发店老板提到与假发店的交易，卖给回收头发的人 100 元左右，但是买回一顶假发套却要 1200 元左右！

根据相关人员透露，按照市场行情价：一般头发长度在 25 厘米可以卖 150 元一斤，30 厘米可以卖 250 元一斤，40 厘米可以卖 500 元一斤，50 厘米可以卖 1000 元一斤；发质好的、超过 40 厘米的头发就可以按一顶卖，一顶的价格在 300 ~ 2000 元。一般回收后再次出售头发价格赚 1 倍以上。

相信聪明的你从这里已经不难发现：**这个行业的利润远远超出我们认知，如果能做好，可能比你现在的工资还高不少！**

读到这里相信不少人已经跃跃欲试了，但依然有一些困扰：个人真的能从 0 做起吗？应该怎么进入这个行业呢？

零门槛入行：远比你想象的简单

说起头发回收你会想起什么呢？一辆电三轮、一个扩音器、一把大剪刀，循环播放"收头发喽"的口号。等长发女孩一招手，便用长发换了一笔钱。

不过，这已经是十几年前收头发的流程了，我们与不少商家聊过，他们纷纷表示：现在已经很少这样收头发了。究其原因，就是随着社会进步，人们已经不会为了几十或者百把块钱将头发卖掉。相比这点钱，大多数人更看重自己的美丽，一头乌黑的长发羡慕尚且来不及，怎么可能轻易把它卖掉！

有些商家还向我们透露：就算是一次性剪断的头发，根据不同的发质、发量，有不同的单价。这里的门道多着呢。真正的"高手"还得学会辨别头发的品质，想要入行，不交点学费就想很快了解如何辨别头发的好坏，基本是不可能的。

看到这里相信你会问了：难道没有**简单、低成本、低门槛、低风险的方法**，让外行人快速上道吗？

为此，我们团队做了大量的探访与调研，就是为了让普通人能迅速掌握这一行业的秘诀，零门槛入行！

首先，我们需要找到**稳定、靠谱的头发资源**，这自然需要寻找理发店合作，有哪些头发可以成为我们的资源呢？

第一类是旧发片。现在不少女孩喜欢接头发，让自己看上去美美的，但是这样接上去的头发都不能用太久，隔一段时间就要更换，而旧发片也不能给别的顾客直接用，这些旧发片便是我们可以回收的头发。

第二类是落地发。大家去理发的时候会发现，理发店地上几乎始终都有一堆理发人留下的头发，这便是落地发。这类头发回收成本低、风险也低，不用看品质，只要保证一定的回收单价，基本可以做到稳赚不赔。

一位商家告诉我们，像这种落地发，一斤只要不到 200 元，基本都有的赚。如果会砍价，几十块到 100 块都能收到。主要还要看回收的量，量大了，便可以多赚一点。在不同的店回收价格可能会有波动，但也不会相差太多。所以只要有稳定的资源，就可以变成一项长期稳定的收入。

头发回收资源已经有了，那么如何找到回收头发的人呢？

其实也很简单。你可以通过抖音搜索"头发回收"，就能看到全国各地都有收货商发布的视频以及联系方式，大多都集中在河南许昌这个地方，毕竟这里可是被誉为"世界假发之都"，这里的商家会持续需要头发资源。

你也可以找到本地或者距离近的收货商，最好选择送货上门，现场结算。在建立了足够的信任之后，可以再发快递结算，这样做会更加安全和靠谱。

还有一个渠道就是能做女士接发生意的理发店。因为业务需求，这些理发店大概率都会直接回收你手中长短合适的头发。

也许有朋友会问：在文章开头提到氨基酸提炼的业务，是否可以将头发卖给这一条产业链的商家呢？

在我们与从业者进行多次沟通了解后得知：目前回收碎发做提炼氨基酸之用的，大多是专业、有资质的大公司，短期入行是很难接触到这一块的商家的。而且如果留存短碎发，特别占地方，大多数的理发店都是不会做的。虽然看着碎发回收好做，但是收益并不高。

注意事项：做好这些细节，你可以更快入行

关于零门槛入行，前面已经说得非常详细了。不过这里还是希望大家可以在一些细节上注意一下。

1. 关于出售渠道。

许多人肯定会想着去货比三家，哪家给的价格高就给哪家。不过还是希望有能力、有时间的朋友，可以去河南许昌、山东青岛胶州和山东鄄城县这三个地方看看。因为这三个地方是全国最大的假发生产基地，在线下找一家可靠的回收头发的门店，洽谈业务合作、了解可回收的头发品类和价格。

2. 关于头发回收渠道。

推荐大家尽量去下沉市场或者大城市的城中村，找社区理发店去商谈合作。因为城区大多都是连锁加盟的理发店，这类门店基本不会费时费力地收集客户留下的头发，偶尔收集到的长头发也会通过自己的渠道进行加工，降低成本，增加收益。而对于下沉市场和城中村的门店来说，在客流本就不大的情况下，很多老板在知道了回收头发这件事情后，大概率是会帮忙存留的。

3. 关于头发类型的选择。

对于刚刚入行的新人，我只推荐选择回收接发片或者落地发。虽然头发会因为烫染影响质量，在收益上会有所折扣。但和回收那种一下剪断的头发相比，对鉴别能力的要求不会有那么高，风险几乎可以降到0。

4. 关于与商家的合作。

除了重量这个计算的标准之外，头发的长度、烫染与否等因素都会影响最终的出售价格。所以在向商家出售头发的时候，最好能够送货上门，当面结算。一方面是保证买卖的安全性；另一方面也可以通过观察和询问，了解老板对于不同类型头发的界定标准，之后再更换回收价格更好的渠道合作。

最后，再次提醒大家，作为普通人，如果你想参与回收头发这件事情，在开始的时候，最好优先选择门槛不那么高的落地发以及不要的接发片，降低自己的投资风险。

有兴趣参与的人一定要亲自仔细考察上下游的市场，是否具备足量的理发店来商谈合作，尽量用头发的数量去增加自己的收益。

第18章
艺术变现：如何成为一名线上插画师

逍遥

插画指的是插附在书刊中的图画。有的印在正文中间，有的用插页方式，对正文内容起补充说明或艺术欣赏作用。当然，这一解释是狭义的定义，实际上插画的应用范围远不止于此。目前插画已广泛应用于出版物、广告、游戏、影视动画、漫画、卡通等现代设计的各个领域中。

插画作为一种重要的视觉表达形式，它的直观性、形象性的特点能带给人们极强的冲击力。通过适宜而鲜明的插画，文字内容能变得更加丰富和生动，也就是说插画能赋予文字极强的趣味性，突出主题思想，增强艺术感染力。

另外，从各式各类的插画作品中，人们也能感悟到生活的美、艺术的美。如今，插画师在艺术创作和商业领域，都扮演着越来越重要的角色。

线上插画师及其市场情况

线上插画师是当今比较流行的一个职业，与我们平时常见的用笔绘画不同，线上插画师主要是以数位板和电脑为载体开展绘画工作。插画师将数位板连接到电脑上，同步输入进行绘画，也叫作板绘插画。线上插画师的工作相对而言比较自由，既可以全职，又可以兼职。会画画的人完全可以作为一个副业去经营，因此受到很多人的青睐。

你能想象仅凭一个数位板、一台电脑，每天兼职几小时就能获得几千元的不菲收入吗？线上插画师就让这个梦想变为现实。线上插画师的工作门槛并不高，即使零基础的人经过一段时间的培训也能胜任。

B 站上的一个 up 主（上传者本人），在她分享的视频里，她称自己是某农业大学的非美术生，工作一年后裸辞去学了画画，现在已成功成为一名绘本插画师。

我们也曾咨询过一位网名叫"木木"的插画师。她认为板绘要比手绘简单得多，即使没有美术基础的人也可以很快地学会并掌握。因为板绘是在数位板和电脑上操作的，并且还有辅助软件的加持，如 PS、SAI 等，因此更加容易上手。一般情况下，零基础的学员只要努力学几个月就能上手。

为了验证板绘的难度如何，我们团队专门采购了一块数位板，参照相关的教学视频去绘画，大家感觉比手绘要容易上手。在绘画时，画笔的浓淡粗细等都可以利用软件进行调整，即使不小心画错了也可以退回修改，操作方便又省时省力，比手绘更加人性化。

据一项调查发现，大概有 80% 的线上插画师是没有软件和绘画基础的，大部分都是从零开始学起，由此可见任何人都可以学好并利用它赚钱。

插画师分为全职和兼职，全职插画师多受聘于设计公司、出版社、杂志社等单位，属于典型的朝九晚五的上班族，平均工资为6000～10000元。

兼职插画师的需求也比较大，并且线上兼职的收入也是可观的。兼职的客单价都是不同的，要根据插画师自身的水平而定。以当前市面上需求比较大的表情包、人物头像等为例，客单价在20～1000元不等，具体还要看插画师的绘制水平。在智联招聘、BOSS直聘等招聘网站上，搜索"插画师"关键词会出现大量相关的职位，既有全职又有兼职，并且薪资水平都不低，行业前景非常好。

另外，通过淘宝网的调查，我们发现大多数的插画类淘宝店铺都提供各种插画服务，既有几十块钱简单的人物头像，又有上千块专门定制的精致动漫漫画，并且这些店铺插画的销量都很高。有一家以Q版动漫头像定制为主的店铺，月销在5000多单，这说明此类插画的市场需求是非常大的。

以店铺标明的最低价格来算，这几家插画店铺的月销售额至少在10万元，还不包括高价定制需求的插画。由此可见，这个行业的收入和需求都是非常可观的。

插画市场主要分为儿童插画和商业插画两种。儿童插画大多被用于儿童绘本，深受小读者的喜爱，不少家长和幼儿园也乐于购买此类绘本。根据北京开卷发布的《2021年中国图书零售市场报告》，2021年我国图书零售市场规模986.8亿元；少儿图书的占比最大，为28.15%。儿童是祖国的未来，是家长手心里的宝，近些年我国更加重视亲子教育，儿童绘本凭借其图画易于儿童理解、家长易于讲解的特点备受青睐。相应地，出版绘本的单位需要的画手多，市场需求大。

至于商业插画，更是存在于我们日常生活的各个角落。如购物节里的助销海报，超市中各类产品的包装，影视游戏中的各种角色，出版物中的各种配图等，插画都是其中重要的元素，起着画龙点睛的作用。

对于一名新手而言，可以先尝试绘制一些简单的插画，循序渐进地去练习。比如一些相关元素的矢量插画，这些插画配色单一、结构简单，易于上手；再就是上面提到的Q版动漫头像；还有各种表情包、GIF动画等，这几类绘制起来比较简单，并且需求量也大，都值得新手去尝试。

如何入行成为一名线上插画师？

1. 选择硬件（数位板和电脑）。

硬件无非是数位板和电脑两种。在各大购物网站上搜索，可以发现数位板的价格不一，少则几百，多则上千。

数位板的选择主要根据个人的用途而定。如果你只是对插画感兴趣，培养自己的业余爱好，那么价格100～200元的数位板已足够；如果你想长时间学习插画，有将插画当作自己副业的意向，那么最好选择五六百元的数位板；如果将插画作为自己的主业，将此职业作为谋生的主要手段，千元以上的数位板就是你的最佳选择。

在购买数位板时，要注意以下三个方面的配置：一是压感级别。如今的数位板压感级别大致分为4种：512、1024、2048、8192，数字越大，笔触越细腻，越接近于现实。二是读取速度。数位板的读取速度一般分为100、133、150、200、220、266等几个级别，数字越小，读取速度就越快，操作起来也越顺手。三是读取分辨率。现在常见的分辨率有2540、

3048、4000、5080 等，读取分辨率越高，画质就越清晰。总之，对于刚刚入门或有意向学习插画的人而言，选择几百元价格的数位板就完全够用了。

至于电脑方面的选择，由于板绘是 2D 平面绘制，对电脑配置要求并不高。与数位板的选择一样，电脑的选择也要视个人预算和需求而定。对于初学插画的学习者而言，可以自己组装配置电脑，也可以选择品牌整机。电脑的配置上选择多核心强悍的 CPU 即可，显卡方面选择核心显卡就足够了。如果有更高的需求，可以选择游戏显卡或专业的图形显卡。内存方面尽量选择容量大一点的内存，16G 或以上皆可，这样绘图软件运行起来会流畅一些，不会出现卡顿的情况。另外，电脑显示器分辨率选择 1920×1080 的高分屏即可。当然了，如果你预算充足，也可以选择分辨率更高的显示器。以上配置都能顺利地运行 PS、SAI 等软件。

2. 选择软件（PS、SAI）。

插画师主要用到的软件是 PS、SAI 等，其中 PS 使用人群广泛，素材较多，网上大部分课程都是在使用 PS，因此，推荐初学者选择 PS 作为学习的软件。插图师的入门课程有很多，要善于搜索，如在 B 站、抖音等都可以找到大量的学习插图绘画的课程。

另外，也可以利用平板电脑来绘图，妙笔生花和 Procreate 是两个非常好的绘图软件。这些软件功能齐全，有着很好的体验感，即便是初学者，上手也比较快。在 B 站都能找到大量的有关此类软件的学习教程。比如有个 150 多万播放量的妙笔生花教程，在教程视频的评论区可以看到详细的操作导航，不懂的地方直接点数字就可以自动跳转对应时间，学习起来非常方便。

如果利用 iPad 绘图，你可以去寻找一些合适的 Procreate 教程，在学会基础操作后，可以跟随教程尝试动漫角色的绘制，能获得很好的体验。

绘画内容的学习

对于学习插画的初学者而言，在学习和掌握了绘画软件的基础使用后，就可以尝试绘画内容的学习了。绘画前期基础的学习阶段大致分为透视、素描、色彩等部分，每一部分又涵盖大量的学习内容，需要循序渐进、按部就班地学习和提高。

初学者学习插画重在基础的培养。具体而言，需要学习和掌握以下方面的基础内容。

描线：选择适合的线稿，降低线稿图层不透明度，在该图层上方描摹线条。此方法适用于插画初学者，主要目的是提高数位板的使用熟练度，增强对线条的认知。

临摹：可以选择自己喜欢的线稿，进行临摹。临摹时要注意思考原图的线条表达，比如线条的粗细、曲直、深浅变化等，每一个变化都代表不同的含义。

画线：可以尝试定点画线法和短线拼长线法。定点画线法就是在一定区域内随意定几个点，然后使用直线或曲线把这几个定点连接起来；短线拼长线法就是画两根短线，擦除多余线条形成一根长线，为便于擦除多余线条，两根线应位于不同图层之中。

素描：素描是插画的基础课程，可以去书店买一些素描书，或者通过网络搜索相关的素描课程去学习。在 B 站上也有大量的素描视频教学课程，最好要找一些连续性的学习课程，按部就班地去学习。

线条练习：首先选择适合自己的绘画软件，如果对绘画软件了解甚少，可以先在 PS 上练习线条。如果在 PS 软件上熟练掌握了线条的画法，学习插画就会事半功倍。

除了以上实际操作外，还要学习和掌握一些绘画的基本理论，比如色彩、光影、构图等内容。这些理论知识对于初学者学习插画都大有帮助。

线上插画师如何接单？

接单方式

我们熟悉了插画的基本操作，有了一定的基础后就可以尝试着接单赚钱了。接单方式可以分为熟人接单和平台接单两种。

1. 熟人接单。

熟人接单就是通过身边朋友和社交媒体的人脉资源来接单，这类方式的好处是可以直接对接客户，比较靠谱。

我们的调查员也采访到了一个从业多年的前网易插画师马先生，马先生说："我接的第一单是一个 MG 动画的美术，是矢量插画，大概有五六张，比较简单，报价是 2000 块钱，大概花费时间是一天，这是 2016 年的事情。"通过采访，我们知道他的第一个单子就是通过朋友介绍的，他的单子大多都来自以前合作得比较好的客户。一个插画师如果想获得稳定、性价比高的单子，就需要在前期不断曝光自己，积累这样的人脉资源。

除了熟人介绍外，也可以自己在微信朋友圈发布插画信息。我们在板绘群里接触到的另一位插画师说，他平时都是通过发朋友圈获取订单。这一接单方式的好处是不耽误自己的创作练习时间，省时、省力、效率高。

插画师的前期积累非常重要，平时可以时常把自己的作品发布在微博、站酷网、涂鸦王国、堆糖社区等平台上，提高自己作品的曝光度、积攒人气，也可以与这些平台的大咖多沟通、多交流，提高自己的审美水平和绘画技术。

2.平台接单。

如果对接单量有需求，平台接单是一种很好的途径。

推荐两个专门的画师约稿平台：第一个叫作"米画师"。这是一个专业的美术外包服务平台，在上传完至少4张作品完成画师认证后，点击导航栏的企划，选择要接的稿件类型，应征企划就可以了。第二个叫作"画师联盟"，在主页的需求栏目，选好类型，找到要接的单子，填写好相应的应征材料就可以接单了。

另外，在微信公众号和QQ群也能找到大量的单子。比如在某个公众号发布的漫画上色任务，光画稿数量就有100张，单张的预算是120元。还有一个头像任务，显示每天都有几百单，需求量非常大。插画师一般会多加几个插画外包QQ群，每天都有大量的各种风格的插画订单。到底哪些风格的插画需求量比较大呢？一个做插画工作室的从业者告诉我们，从他一直对接的插画项目来看，Q版二次元插画，定制小头像等此类插画比较热门，受到时下年轻人的青睐。

当然，伴随着绘画技术水平的提高，如果不满足于现状，希求自身能够获得更大的提高，你也可以到少儿出版社和图书公司毛遂自荐，带着自己的作品与出版社或图书公司的负责人员进行沟通与谈判。如果自身技术过硬，成为他们其中的一员并不是天方夜谭的事情。

接单流程

首先，需求方会给你提供样图并提出绘画风格的要求，以及一些特定需求，这时就要谈好价格、张数和付款方式。如果金额和要求高，他们一般会让你提供一张试稿，通过后再签合同。然后你先给对方画出线稿，对方查看确认没有问题后再上色，获得对方满意后先结款。最后给对方发送图片的源文件。

接单技巧

接单是有一定的技巧的，怎样才能高效方便地接单呢？

我们采访了一位与新华社合作过的业内大佬"态爷"，他有着丰富的接单经验。据他说，在获得需求方的绘画要求后，插画师最好要先从大量的参考图中寻找方向，然后再画草图。向甲方确认绘画的具体内容，比如包含哪些元素、整体完成方向等，这样在后期修改时，插画师只修改细节就可以了，避免走弯道，浪费时间。

在熟练掌握绘画技巧，具备一定的绘画水平后，就可以建立自己的作品集。作品集对于插画师而言非常重要。通过大量的练习，可以提高自身的习作思维和作品思维。确定接单作品的方向后，就可以在这方面下功夫。比如，想接轻食方向的单子，就可以平时多练习咖啡、甜品烘焙、美食等方面的插画。建立并在各个平台分享自己这样的作品集能积累人气，获得更多高质量的订单。

接单注意事项

对于新人来说，最初接单肯定是很陌生的，我们在与很多的从业者充分沟通交流后，总结了以下接单时需要注意的事项：

第一，好看的插画并不一定是值钱的，对于商业插画而言，能满足需求的作品才是值钱的。

第二，接单不仅仅靠技术，更多的是靠人脉。进入插画这个圈子后，要与甲方建立良好的关系，并与从业者相互切磋与请教。总之，新人就要重视人脉资源的整理，与客户搞好关系，多在贴吧论坛交流群里参与讨论。

第三，平台接单相对来说会比较被动，有的单子通过中间商的几经辗转，最后的报酬大打折扣。比如原本500元的单子，最后到插画师手里就只剩100元了，所以在甄别这类单子时，要积极和甲方沟通联系，确认草稿。如果对方的回复周期长、要求反反复复、报价还很低，就要小心了。

第四，新人在早期不知如何报价，可以在插画交流群里咨询从业前辈，也可以去淘宝搜索几家做插画的店铺，并把要求发给他们，咨询报价是多少，综合参考。

第 19 章
预制菜是真风口，还是伪命题

崔磊 – 为思考点赞

大佬入局，各显神通

"早上，我们在 App 上下个单，从写字楼下带着那杯咖啡上楼；下班的时候，还是在 App 上下个单，走到家门口时，晚饭的食材或半成品已经在等候你把它们带回家。"这个消费场景就是瑞幸咖啡前董事长陆正耀所讲述的都市白领与预制菜之间的故事。

也许你对"预制菜"这个词还感到陌生，但你的生活中想必不会缺少速冻食品、料理包、复合调味料等产品的身影吧？顾名思义，预制菜指的是预先做好的半成品或成品食物，主要分为即食、即热、即烹和即配食品，通过加热或者简单烹饪就可以食用。在欧美、日本等国家，已经形成了相对成熟的预制菜市场。预制菜帮助工作繁忙的年轻人从买菜、洗菜、炒菜中解脱出来，省掉了洗、切等加工过程，跟着包装上的操作提示，简单操作后就解决了一日三餐。其实，我们平时吃的方便面、免煮米线、自嗨锅等，也属于预制菜的范畴。

2010 年，餐饮市场开始出现预制菜，之后随着外卖兴起，加速了预制菜向餐饮市场的渗透。但是，消费者对预制菜的需求加大还是近几年的事情。陆正耀的舌尖科技完成 16 亿元的 B 轮投资，成为迄今为止融资数额最大的预制菜企业。旗下品牌"舌尖英雄"启动不到 4 个月，加盟意向签约数就达到 6000 家，而其营销模式也与瑞幸类似：线上下单，线下自提或配送。拓店手段同样采取了烧钱补贴、裂变式推广的资本打法。不过，与瑞幸的直营模式不同，舌尖英雄是采用区域代理和经销商加盟模式，以此达到快速拓店的目的。

就在陆正耀忙着孵化预制菜项目的时候，"趣店罗老板"罗敏则通过抖音直播间与几位明星进行了长达 19 小时的大手笔活动，包括送出上千苹果手机，大量 1 分钱秒杀酸菜鱼等，预制菜一时声名大噪。

随着预制菜的爆火，我们发现瑞幸咖啡前老板陆正耀早在 2022 年 1 月就进军预制菜项目。除此以外，在预制菜领域，不少大佬也正纷纷试水，如董明珠宣布格力电器将成立预制菜装备制造公司。

收益堪忧，节节败退

预制菜的赛道日渐火爆，大佬们的入局也让普通人感觉到这似乎是一个新的风口，然而，陆老板的拓店计划达到预期了吗？加盟商们都赚到钱了吗？

我们前往位于杭州的两家舌尖英雄门店时，一家店面显示着转让，而另一家已经关门一个月有余。转让的那位店主坦言：开店两个多月，每天的营业额只有几百块，很多人都是因为首单有五折活动才来购买的。回头客非常少，利润太低，所以现在只想快点转让，这样可以少亏一些。

我们又通过该品牌小程序找到一家还在营业的门店。正是周五下午，临近学生的放学时间，周围的淮南牛肉汤、沙县小吃店里都很热闹，食客们来来往往。可是，这家门店只有老板娘一个人，她一边铲冰柜里的碎冰，一边说："我们当时连同加盟费、门店租金，还有进货的钱，花了二十几万，现在每天营业额400元都不到。节假日或者搞打折促销的时候会好点，最高能达到2000多元。但是，如果扣掉优惠券的成本，到手根本没什么利润，所以现在也是很迷茫，不知道怎么办……"

接连几家的情况都不乐观，门店经营堪忧的情况在小程序上则体现得更明显，不少区域都有多个店铺显示"休息中"，无法下单配送：

成都22家门店有16家显示"休息中"；

北京31家门店有10家"休息中"；

上海18家门店有5家"休息中"；

深圳13家门店有6家"休息中"……

曾经放出豪言"要开6000家门店"的舌尖英雄，如今全国只有264家门店，而且已经暂停了招商加盟。由此可见，陆老板的预制菜门店项目也折戟沉沙。

曾经3年开了7000多家门店的瑞幸模式，在预制菜上终难再续辉煌。有业内人士分析：舌尖英雄的店面、App、私域做得都挺好，但它忽略了一个核心：用户到底需要什么样的产品。如果说瑞幸咖啡让以前不喝咖啡的人养成了喝咖啡的习惯，这么做能成功的前提在于：咖啡在人们的心中是一个被验证过的、有成瘾性的东西，无论这个人以前是否喝过咖啡。但预制菜的营销逻辑显然不同，中国的预制菜 C 端市场尚需验证和培育。

随着该品牌节节败退，曾经被看好的风口，难道是个伪命题吗？难道这个行业就没有成功的案例吗？作为 A 股上市的企业，被誉为"预制菜第一股"的 ×× 香表现如何呢？

根据其公开披露的数据，我们整理后发现，截至 2020 年 12 月 31 日，加盟店有 1117 家，销售金额达 3.2 亿元。按照其公布的 29.95% 的整体利率计算，单店单月利润 7162 元。2021 年年底，该品牌的加盟店扩张到了 1319 家，整体利率 26.01%，单店单月利润 5702 元。乍一看，店铺数量是增加了，但是仔细一算，一年时间单店利率下降将近 4%，单月利润下降 1460 元。我们按单店月利润 5702 元来算，每天平均利润只有 190 元，这么一算，加盟商其实根本没赚什么钱啊。

资本热捧，为什么消费者不买账呢？

消费者买预制菜的初衷是看中预制食品的便利属性，期望用最短的时间做出好吃又健康的食品。但随着预制菜热度的节节攀升，消费者的需求也日趋多元，既要省时省力，又要色香味俱全。

那么，现有的预制菜达到消费者的要求了吗？经过一番市场调查，我们发现，有不少人是出于好奇购买了某品牌的预制菜，本来以为只要热一热就可以了，但当他们看到包装上的一大堆操作指南，直接蒙了。好不容易按照包装说明一步步做熟，吃完还得自己刷碗，直呼不如点个外卖。还有人在新店开业的 5 折促销时购买了预制菜，后来发现如果没有折扣优惠，原价比去超市买食材贵很多。权衡下来，最终还是选择去盒马鲜生、叮咚买菜上购买，不仅价格便宜，而且食材更新鲜。

由此可见，预制菜如果走针对个人消费者的 C 端市场的路线，就存在一个致命问题：目标客户到底是谁？

如果说是不怎么烧菜的 90 后和 00 后，那么，目前预制菜的整个做菜流程，只是取代了采购和准备过程而已，消费者仍然需要自己动手去烧、去煮，最后还少不了他们最想摆脱的刷锅、洗碗环节。因此，对于这类人群而言，偶尔尝鲜是可以的。长期来说，肯定不如去餐馆或者点外卖来得方便快捷。

如果目标人群是家庭主妇和有时间、有精力去烧菜做饭的人，他们可能只会在特定场景下购买预制菜，比如逢年过节，或者想换一下口味时。长期来说，预制菜肯定不会是他们的首选，因为去菜场、超市，或者在生鲜类 App 上买菜，价格更便宜，食材更新鲜。

目前看来，国内预制菜市场的产品，不管是食材的新鲜度还是整体的性价比，都远没有达到消费者的预期，导致在个人消费 C 端市场上，可以说是举步维艰。究其深层原因，恐怕在于试水者很多都不懂食品消费行业的逻辑，他们大多还是用互联网产品逻辑去运营、营销。在食品行业，除了口味、健康、安全以外，产品与生活场景的关联度尤为重要，都是需要在产品研发、投放市场前加以考虑的因素，而不是简单地砸钱拓店、直播宣传。如果这件事情做不到深度理解消费者的需求，那么融资再多也是无法长久持续的。所以，如果你想参与到预制菜的终端市场，一定要谨慎入局。

预制菜的新机会

人们对于成本不到 10 万元就能开一家预制菜门店这件事的态度，可以说正反两面的声音都有，有人说它比放贷还赚钱、比卖咖啡还暴利，但也有人说自己从来不吃这类食物。不可否认的是，国内预制菜市场依然是投资者眼里的香饽饽。为什么这么说呢？这还得从产业链说起。

一般来说，一个产业可以分为上游、中游、下游三方面，现在下游 C 端市场对于普通人来说，参与其中大概率会失败。那么，上游供应方和中游 B 端流通市场，会不会有我们普通人的机会呢？

先来看看上游供应端，既然预制菜对食品新鲜度和口感的要求越来越高，与之相对应的就是制作和储存难度越来越大。预制食品对于中央厨房标准化生产的高度依赖，以及对冷链运输的高度要求，成为限制普通人入局的行业壁垒。所以，上游企业主要是三全食品、安井食品这样的大型生产型企业，其投入规模都是数以亿计的，根本不是我们普通人所能承受的。

接下来的问题就是，新入局者如何从 B 端切入？

红餐网数据显示，目前中国预制菜市场 B 端与 C 端比例大概为 8：2。所以，随着餐饮往连锁化方向发展，以及人工和房租、水电等固定成本的上涨，这个市场会越来越大。同时，许多外卖店与半成品的预制菜也是不可分割的利益共同体。虽然比购买原材料自己烧制成本高，但省去了厨师和服务员的费用。

普通人如果想在这个存量市场分一杯羹，可以有以下两种参与方式。

1. 联系厂家，赚取差价。

据一位从事预制菜销售的公司负责人透露：现在大街上大部分餐饮商家都在用预制菜。公司有预制菜的厂家资源，通过招聘兼职业务员去跟餐饮店谈合作，公司根据商家的需求制作菜品，从中赚取差价，利润跟业务员对半分。有些有资源的业务员一个月能赚两三万元。因为市场体量非常大，而且一旦与商家建立长期合作关系，一般来说不会更换业务员。

这种模式的创业成本很低，但前提是你要有预制菜厂家和餐饮商家资源，如果暂时没有资源，前期可以通过 58 同城这类招聘网站去寻找。

当熟悉业务以后，你也可以选择寻找厂家或者加盟一些品牌方，这类资源可以通过阿里巴巴、百度等平台去搜索。品牌方和厂家一定要多方考察，要选择经营年限长、商家用户多的合作。前期，你可以一个人干，也可以招人一起。如果是与品牌方合作，可能会提出一次性进一批货的要求。所以，建议不熟悉这块业务的朋友先从兼职做起。

2. 选取预制菜做外卖。

如果你有从事餐饮行业的想法，可以选择大众需求量比较高的预制菜做外卖，开个外卖店。

据一位外卖餐饮从业者介绍：日式咖喱鸡、香菇炒鸡、鱼香肉丝这类菜品，都是外卖单上常见的选项，客户下单后，用微波炉加热一下就可以出餐。这样的模式不用请厨师，也不需要租很大的店面，目前大部分外卖店铺都是这么操作的。但是，正因为门槛低，参与的人也多，赚点小钱是可以的，如果想做大就比较难。

机会与乱象并存

相信很多朋友对于预制菜这个行业已经有一个初步的了解。简单来说，目前国内的预制菜市场可以概括为"热、乱、大、新"四个字。

热：预制菜有多火爆就不用多说了，诸位大佬的相继重金入局，让预制菜一度成为当下热门话题。

乱：虽然预制菜行业很火热，但是还存在很多问题，缺乏统一的行业标准，防腐剂、添加剂的量超标时有曝光。

大：相关数据显示，2021 年中国预制菜市场规模约为 5500 亿元，预计 2026 年将达到万亿元规模。特别是 B 端市场，随着我国中餐标准化进程不断提高，将为预制菜提供更加广阔的市场。

新：虽然说方便面也属于预制菜，但是"预制菜"这个概念真正进入大众视野，也就是近几年的事情。所以，预制菜对于大多数参与者来说，还是一个新鲜事物。相应的 C 端市场、商业模式等一切都还需要探索和培育。

虽然预制菜不是一个新概念，但入局预制菜的资本方大多还是在炒作概念，他们关心的其实并不是预制菜能不能做起来，而是需要一个新概念来提升资本信心。当然，预制菜也并非毫无创新可言，现在大家生活条件变好了，逢年过节置办家宴，如果由自己来做佛跳墙、松鼠鳜鱼、上汤龙虾等硬菜，技术难度比较大，所以在这些领域搞一些预制菜产品，相信还是有不小的市场规模。但对于普通人来说，想入局的话，从 B 端资源型市场切入是比较稳妥的做法。

第 20 章
做光伏发电产业里的淘金客

崔磊－为思考点赞

光伏发电行业迎来爆发期

能源是经济社会发展的基础和动力源泉。党的十八大提出到 2030 年实现碳达峰，到 2060 年实现碳中和的战略目标，由此催生了很多新兴行业，光伏发电就是其中之一。

光伏发电是利用光伏材料的光电特性，将光的辐照能量转换为电能（直流），再通过逆变器并入三相交流电网的新能源发电技术。近年来，国家政策在推动光伏产业发展上不断加码，利好不断，让分布式光伏落地速度进一步加快，走进更多家庭和企业。

为了应对气候变化，实现"双碳"目标已成为全球共识。这个过程中，以光伏为代表的可再生能源越来越受到大家的重视。

我国太阳能光伏行业发展十分迅速，国家能源局统计数据显示，2020

年至 2021 年，在国家对光伏行业的金融扶持政策影响下，光伏装机量增长非常快。2020 年，光伏新增装机 48.20 兆瓦，同比增长 59%。2021 年，光伏新增装机 54.88 兆瓦，同比增长 14%。

尤其随着城镇化率的持续提高，再加上农网改造升级、居民取暖"煤改电"的快速推进，城乡居民的生活用电需求量也在增大。光伏发电作为一种可再生的新能源，发电量占全社会用电量的比例也在逐年增长，2021年占比达到了 3.9%，2022 年前三季度的占比达到了 5.1%。

可以说，光伏发电领域的发展前景十分可观。

这个行业听起来这么高大上，对于普通人来说还有没有机会？应该如何参与？是否能赚到钱呢？

我们团队采访了一位光伏代理商，他透露每年的利润能达到几百万元，这超出了很多人的预期，但是大部分人对这个行业甚至都不了解。

光伏发电这个产业链的参与者大致可以分为：上游的材料商和能源公司，中游的代理商，下游安装光伏的居民和企业，还有给能源公司介绍光伏项目获利的中间人。

对于普通人而言，上游的材料商和能源公司比较难实现，所以这里主要介绍剩下几类角色的创业机会。

安装光伏发电的个体居民

首先从安装光伏的居民开始说起。目前，居民的参与方式只有个人投资赚取收益的方式，居民全款付清，能源公司负责安装并网和售后服务。

按照 200 平方米左右的屋顶计算，大约能安装 30 千瓦的发电设备，投入大约在 10.5 万元（居民与能源公司签订合同并全款付清。能源公司安装并网，帮助居民在当地发改委备案，后续设备产生的发电量直接由当地电力部门回收）。经测算，30 千瓦的光伏发电设备平均每天能发电 120 千瓦时，全年发电量大约为 4.38 万千瓦时。

国内不同地区的电价、补贴和能源公司的材料价格各不一样，所以具体每年的收益也有所区别，不过大致的收益能接近 2 万元，算上损耗 6 年左右可以收回成本。目前市场上能源公司承诺光伏发电设备的质保期一般是 25 年（非人为破坏，保修包换新），也就意味着剩下 19 年（30 多万元）的发电收益全部都是纯利润。

我们采访了自家安装光伏电站的朋友一年来的真实情况：

这位朋友家的光伏电站装机容量为 5 千瓦，到现在已经运行将近 500 天，发电带来的收益由电网公司每 3 个月结算一次，目前为止总收入 8000 元左右。

当然，这座光伏电站也是有成本的，他自己花了 2 万多元，但按照目前的收益情况，也是不到 3 年即可回本。

如果你觉得这样的收益率偏低，无法满足你的投资预期，接下来看看另外一种角色——代理商。

光伏发电代理商

目前光伏发电行业的代理级别分为：县级、市级、地区级。代理模式都是一样的，代理商向能源公司预存对应级别的货款，厂家送相应的光伏配额。后期如果代理商继续进货，厂家则会按一定的比例把代理商的预存货款陆续返还。

我们采访了一位资深的光伏代理商周先生，据他陈述，他是从2012年开始做光伏代理，发展了六七年之后，厂房已经扩展到2万平方米，用来囤货。现在他的经营模式就是通过卖组件赚差价，把组件卖给小的组装团队，因此资金周转非常快，资金的利用率就很高。由于发展早，积累了不少客户，所以他的业务也是遍及海内外。

不过，所有的行业都一样，当越来越多的人知道这个行业能挣钱的时候，其实机会已经越来越少了，光伏发电行业也不例外。现在如果想要入局代理商已经比较困难了。首先，想要做光伏发电代理需要前期的资金投入，这是一大笔资金，对于一般人而言确实是不小的压力。其次，要和厂家建立信任。随着入局者越来越多，这种信任建立的难度在于成本是逐步增加的。最后，你还需要有人脉资源。你有钱、有信用能拿到货，但关键是还得卖出去，否则全都白干，况且现在找客户已经是难上加难了。

做个体户赚钱少，做代理商风险大，难道在如今政策加持发展越来越火热的光伏发电行业就没有其他的机会了吗？

有，这就是第三种角色——中间人。

稳赚不赔的中间人

顾名思义，中间人就是连接厂商和客户之间的桥梁角色，通过介绍资源拿佣金，佣金比例一般在 3% ~ 8%。

我们采访到一位这样的中间人，他就是通过把信息卖给企业，1 千瓦时电提成 0.1 元，100 万千瓦时就是 10 万元。他曾经介绍过江苏东台的一家企业采购了超过 1000 万千瓦时电，交易金额逾 4000 万元，仅凭这一个项目他的佣金就超过了 100 万元。

所以说，只要你有这方面的业务资源，这就是一个零本万利的好生意，这就是我们想给你介绍的一个好项目。

好项目如何界定？每个人的标准都不一样，"好"的标准也各不相同。这就要回到我们做这件事的原点。我们介绍的每一个项目，不管是互联网创业项目，还是线下实体创业类项目，初衷都是希望为我们的客户和伙伴找到"零投资、无风险"的项目。

不管什么项目，想要赚到钱，你首先要明白，生意或者买卖的本质是价值的交换。这个价值可以是实物产品，也可以是虚拟的信息，所以你要看清自己的优势所在，然后根据自己的优势找到一个突破点，毕其功于一役，将这一个点打透，这样才会有机会。

光伏发电产业符合国家发展新能源的趋势，机会也很多，无论你是选择安装光伏发电设备来赚点儿小钱，还是成为代理商，把它做成大生意，抑或是做个几乎零成本的中间人，利用自己的信息资源和人脉，赚点儿中介费或者服务费，都是值得尝试的。